HISTOIRE

DES

CONCERTS POPULAIRES

DE MUSIQUE CLASSIQUE

PARIS, IMPRIMERIE JOUAUST ET FILS,
rue Saint-Honoré, 338.

HISTOIRE

DES

CONCERTS POPULAIRES

DE MUSIQUE CLASSIQUE

CONTENANT

LES PROGRAMMES ANNOTÉS DE TOUS LES CONCERTS

DONNÉS AU CIRQUE NAPOLÉON

DEPUIS LEUR FONDATION JUSQU'A CE JOUR

SUIVIE DE

Six Esquisses sur la Vie et les Œuvres de J. Haydn, Mozart,
Beethoven, Weber, Mendelssohn et R. Schumann

Par A. ELWART

Professeur au Conservatoire impérial de musique et de déclamation, auteur de
l'*Histoire de la Société des Concerts* de cet établissement, etc.

Vox populi, vox Dei.

PARIS

LIBRAIRIE CASTEL

PASSAGE DE L'OPÉRA, GALERIE DE L'HORLOGE, 21

1864

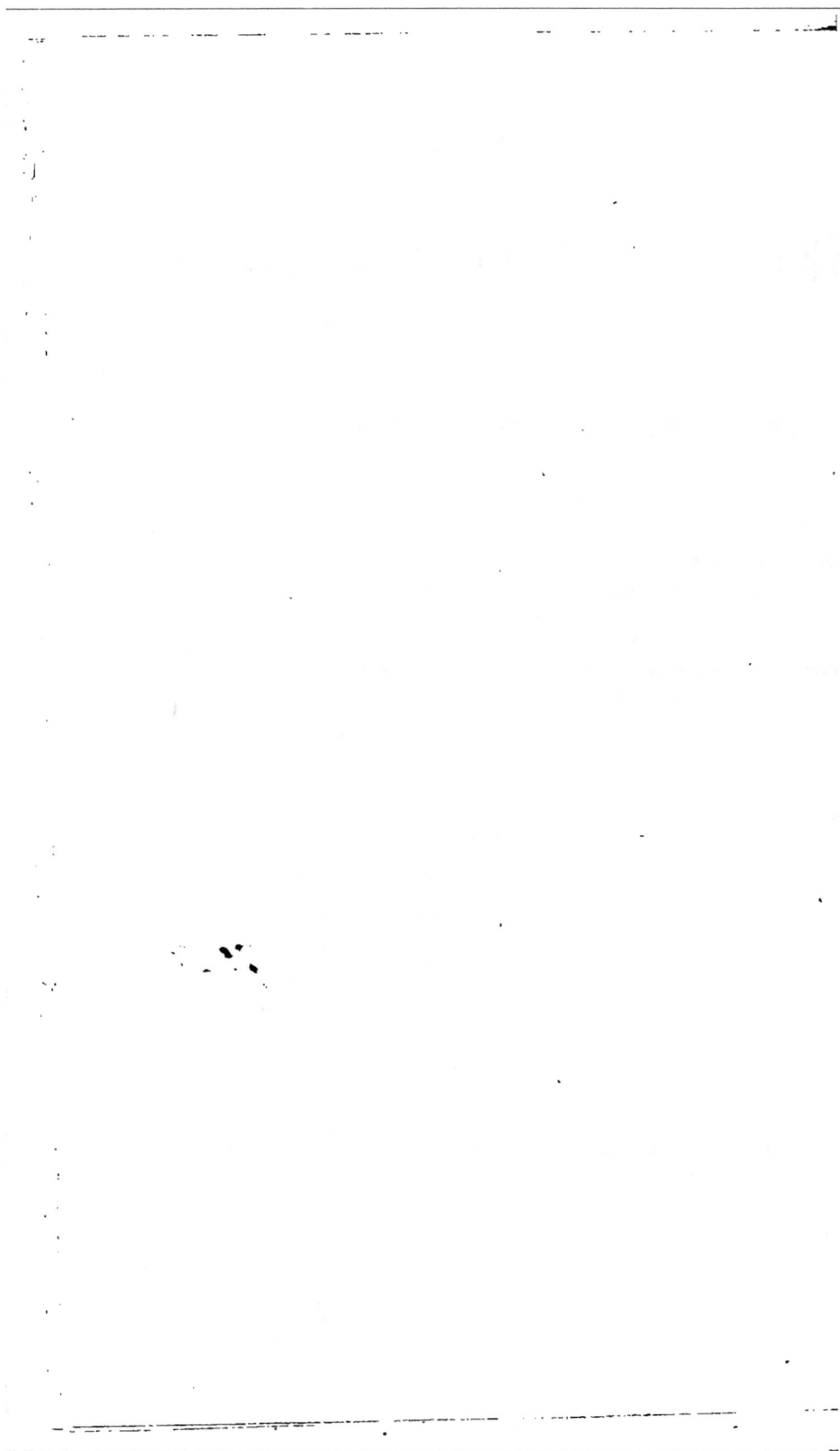

DÉDICACE

A M. JULES PASDELOUP.

En inscrivant au frontispice
Des programmes de tes concerts
De grands noms, la Muse propice
T'abrite sous leurs lauriers verts.
Au lieu de trop pâles images,
Imitant froidement leurs traits,
Pasdeloup, par leurs beaux ouvrages,
Tu les fais revivre à jamais !
HAYDEN de la symphonie
Nous donne les rares primeurs,
Et MOZART d'un vaste génie
Nous fait sonder les profondeurs.
BEETHOVEN, fougueux et terrible,

Nous subjugue tout haletants,
Et son étreinte irrésistible
Semble foudroyer les Titans !
WEBER fait descendre en notre âme
Le feu qui dévorait son sein,
Et MENDELSSOHN, que l'art enflamme,
Chante du beau l'hymne sans fin.
SCHUMANN, à travers un long rêve,
Cherche sa voie en l'avenir ;
Sa course avant le temps s'achève :
Il n'a vécu que pour souffrir !
De maîtres vivants l'auréole
Rayonne au Cirque avec splendeur :
AUBER, le chef de notre École,
Par sa *Muette* y parle au cœur ;
ROSSINI, comme Véronèse,
Splendidement chante le ciel...
Son *Stabat*, ardente fournaise,
Exhale un encens immortel ;
Et le père de *Struensée*,
De nobles *Marches aux flambeaux*,
MEYERBEER, nous rend la pensée
En frayant des chemins nouveaux.
Ce Cirque où le peuple s'assemble
A ta voix, ô chef valeureux,

Chaque dimanche plie et tremble
Au bruit de vivats chaleureux.
Poursuis ton œuvre populaire,
Sublime en ses mille beautés.
Tu grandis le nom de ton père;
D'en haut il veille à tes côtés...

Jule, accepte la dédicace
De ce journal de tes concerts :
Durable, ami, sera leur trace,
Comme la cause que tu sers.

A. E.

25 décembre 1863.

PRÉFACE.

———

Les concerts populaires de musique classique ont un retentissement si grand que nous
avons pensé faire une chose agréable et utile
au public en lui en donnant la rapide et authentique histoire. Jusqu'à la fondation de la
Société des Concerts du Conservatoire (9 mars
1828) aucune entreprise digne de l'art sérieux n'avait pu se maintenir à Paris : seule,
la création d'Habeneck a résisté à l'incon-
stance de la mode et aux contre-coups des
événements politiques qui, depuis plus de
trente ans, ont plusieurs fois changé la face de
la France. Ces concerts, si justement renommés, ont créé à Paris une espèce de patriciat
musical dont profitent seules les classes éle-

vées ; mais, depuis la fermeture des concerts Valentino, le public proprement dit n'avait plus, dans la capitale, d'orchestre ni de salle de concert assez spacieuse pour le faire jouir en masse de l'audition des chefs-d'œuvre de la symphonie. Cet orchestre tant désiré, cette salle de concert, existaient, mais à l'état latent. Le goût de la musique, si répandu dans toutes les classes de la population parisienne, vient enfin de trouver un intelligent et hardi initiateur en la personne de M. Jules Pasdeloup ; et le directeur du Cirque Napoléon, s'associant à la pensée féconde du jeune chef d'orchestre, a mis à sa disposition le beau monument construit par le célèbre architecte M. Hittorf, et le *fiat lux* musical de l'art mis à la portée du peuple a été enfin prononcé.

Depuis dix ans, on le sait, M. J. Pasdeloup formait l'orchestre de la *Société des jeunes artistes du Conservatoire*, et c'est aux applaudissements du public et des plus sérieux représentants de la critique musicale qu'ils ont quitté la salle Herz pour venir planter leur drapeau triomphant sur le fronton du Cirque Napoléon.

C'est donc pour glorifier la nouvelle ère musicale que M. J. Pasdeloup a inaugurée il y a
trois ans que nous avons entrepris la rédac-
tion de cette histoire. Nous avons distribué
notre travail en cinq chapitres, dont voici la
division :

Le premier chapitre fait jeter aux lecteurs
un coup d'œil rétrospectif sur la Société des
jeunes artistes du Conservatoire, qui essayait
ses forces depuis 1851 à la salle Herz. — Le
second chapitre donne le personnel de l'orchestre des concerts populaires, et le prix des
places, si intelligemment mis à la portée de
toutes les classes de la société. — Le troisième
chapitre, l'un des plus considérables de l'ouvrage, reproduit tous les programmes qui ont
été exécutés pendant les trois années qui
viennent de s'écouler ; mais, afin de rendre leur
lecture plus intéressante, nous les avons enri-
chis de notes biographiques et historiques sur
les œuvres des compositeurs et sur les virtuoses
qui ont tant contribué à la popularité de ces
concerts. Par la lecture de ces programmes
annotés, les habitués du Cirque Napoléon assis-

teront une seconde fois, par la pensée, à l'audition des chefs-d'œuvre applaudis naguère par
eux. Est-il rien de plus séduisant que de se
donner chez soi un concert rétrospectif qui,
cette fois, ne coûtera ni dérangement, ni fati-
gues, ni dépenses, sans compter l'intérêt bien
naturel que doit avoir la lecture des notes biographiques, historiques et critiques accompa-
gnant chaque programme? — Le quatrième
chapitre contient le résumé des travaux accomplis au Cirque depuis trois ans par les artistes
des concerts populaires. — Enfin, le cinquième
et dernier chapitre offre six esquisses sur la vie
et les œuvres de J. Haydn, Mozart, Beethoven,
Weber, Mendelssohn et Schumann. Ce travail
nous a paru indispensable pour initier ceux
des habitués du Cirque qui ne sont pas musiciens de profession à l'histoire du bel art dont
ils ont l'heureux privilége de ne savourer que
les fruits exquis.

Nous avions formé le projet d'illustrer notre
livre d'un portrait et de la biographie de M.
Jules Pasdeloup, l'âme des concerts populaires;
mais la modestie du jeune chef d'orchestre s'y

est opposée formellement. Cette vertu est trop rare de nos jours pour que nous ne la respections pas. Nous ne pouvons dire qu'une chose à la louange de **M.** Jules Pasdeloup : c'est que, par la fondation des concerts populaires, il a considérablement amélioré la position pécuniaire des artistes qui marchent sous ses ordres, et que, fils d'un virtuose qui a laissé les plus honorables souvenirs comme homme et comme artiste, il marche dans la voie sacrée qui mène à la fortune par le travail, et à la gloire par les succès le plus loyalement mérités.

A. E.

29 décembre 1863.

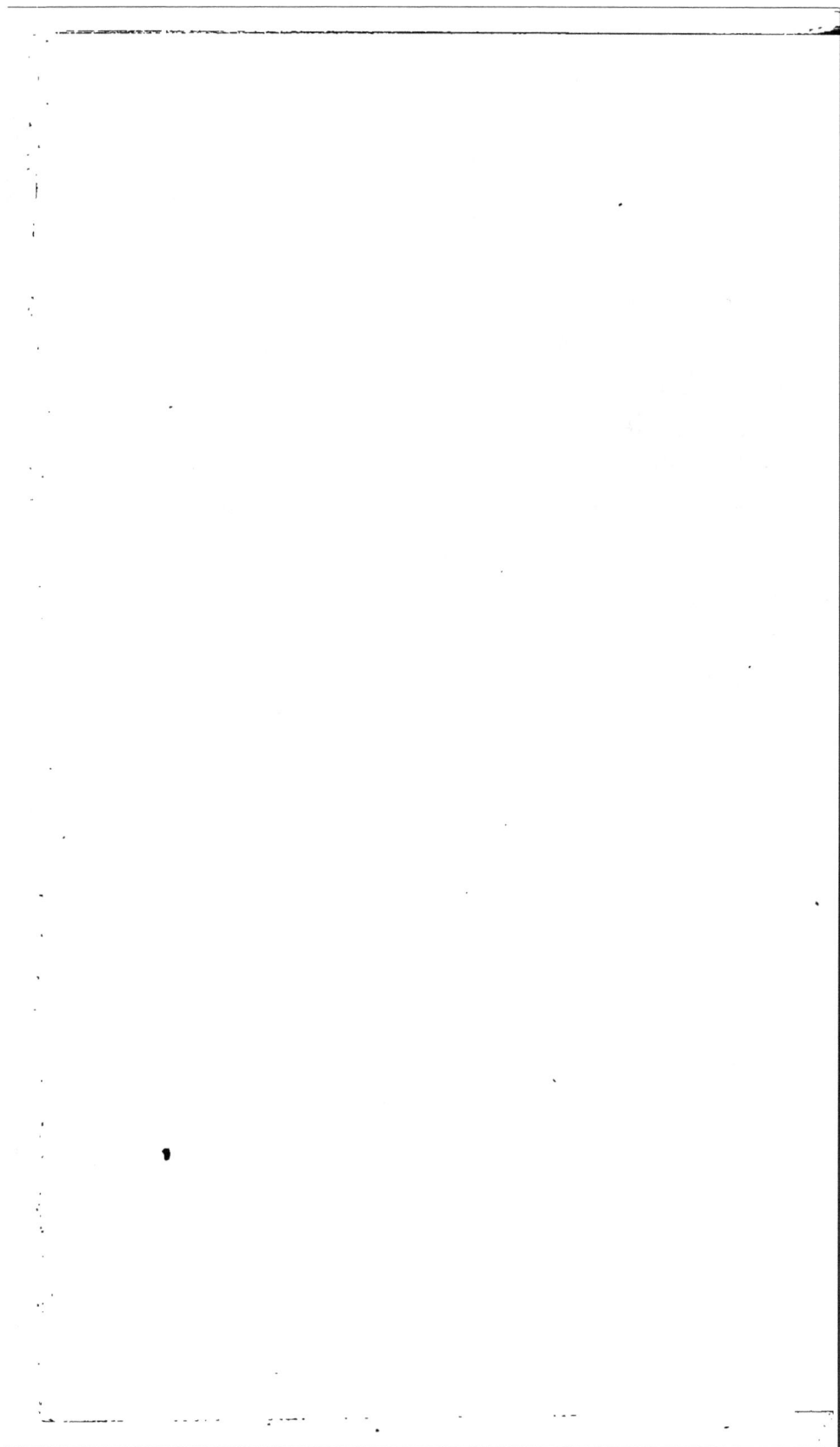

HISTOIRE

CONCERTS POPULAIRES

DE MUSIQUE CLASSIQUE

(CIRQUE NAPOLÉON)

CHAPITRE PREMIER.

De la fondation des Concerts populaires de musique classique.

Par suite des événements politiques de 1848, un jeune artiste de talent, pianiste lauréat du Conservatoire, fut obligé, pour soutenir sa famille, dont la mort de son père l'avait fait le chef avant le temps, d'accepter une place dans l'administration des châteaux nationaux. — Pendant les moments de loisir que lui laissaient ses fonctions, il composait au milieu d'un des parcs les plus magnifiques des environs de Paris; et vers la fin de 1850 il porta la partition d'un *scherzo*, écrit à l'ombre des chênes séculaires de Saint-Cloud, au chef d'orchestre d'une société alors en pleine exploitation dans la capitale. Ce chef d'orchestre, qui unissait un grand talent à une grande franchise, lui déclara nettement qu'il ne lirait même pas sa partition, son orchestre n'exécutant que les œuvres des maîtres. — Notre solliciteur remporta son manuscrit sans mot dire; mais une idée lumineuse traversa son cerveau : celle de fonder, avec les élèves des classes instrumentales du Conservatoire, un concert dans lequel les essais sérieux des jeunes compositeurs seraient exécutés concurremment avec les œuvres des maîtres. Or ce jeune homme avait beaucoup de volonté et une activité que rien ne peut arrêter : quelques mois plus tard, il dirigeait à la salle Herz le premier concert d'une société dont nous allons plus loin parler sommairement. Son amour pour ses camarades les compositeurs repoussés l'avait improvisé chef d'orchestre; et, chose rare, aucune œuvre de lui ne figura jamais sur aucun de ses programmes. Le succès de ses nouvelles fonctions l'obligea à résigner celles qu'il n'avait acceptées que par amour filial.

L'idée féconde et essentiellement utile, de former des concerts avec le personnel des élèves chantants et instrumentistes du Conservatoire de musique, n'est pas nouvelle. Sous le Consulat elle fut exploitée avec succès par l'administration de cette institution nationale. — Marcel Duret et son camarade Gasse dirigèrent ces concerts, dont les essais eurent un grand retentissement. Plus tard, ils furent réorganisés par les soins de Sarrette, l'immortel fondateur du Conservatoire, sous la première République; et ce fut Habeneck aîné qui, dans ces exercices, préluda aux brillantes destinées de la *Société des Concerts*, dont il fut le principal promoteur en 1828. A l'ombre de cette splendide institution, qui marche depuis trente-six ans dans toute la plénitude de sa force, l'auteur de cet ouvrage, secondé par plusieurs artistes, la plupart devenus célèbres depuis cette époque, fonda, dans la petite salle du Conservatoire, les *Concerts d'émulation*, qui, pendant huit années consécutives, contribuèrent à former des compositeurs, des solistes des deux sexes, et même des chefs d'orchestre. Ces concerts furent abandonnés en 1834, époque du départ de leur fondateur pour l'Italie, et tous les professeurs et les élèves studieux en regrettaient la cessation, lorsque, en 1851, M. Jules Pasdeloup, lauréat de la classe de Zimmermann, sous la direction duquel il remporta le premier prix de piano en 1833 (1), eut l'heureuse idée de fonder *la Société des jeunes artistes du Conservatoire impérial de musique et de déclamation.* Le premier concert de cette société, qui possédait dans son orchestre des violonistes de l'âge le plus tendre, eut lieu le 20 février 1851, et fut suivi de plusieurs autres solennités dans lesquelles figuraient non-seulement les élèves encore assis sur les bancs de l'école, mais plusieurs artistes du plus haut mérite. Malgré le haut patronage de fonctionnaires publics, malgré les sacrifices les plus effectifs d'un homme dont le nom est cher aux

(1) MM. Ambr. Thomas, Dourlen et Carafa, ont été aussi les professeurs de solfége, d'harmonie et de composition de M. J. Pasdeloup.

amis des arts, les concerts de la rue de la Victoire
n'eurent qu'une existence précaire ; mais la volonté et le courage de leur chef d'orchestre ne fail-
lirent pas un seul instant, et, s'ils n'enrichirent personne, ils portèrent haut et ferme le drapeau musical du Conservatoire pendant neuf années consécutives. — Ces concerts eurent donc plus de succès
d'estime que de brillants résultats pécuniaires.
Heureusement pour M. Jules Pasdeloup ou plutôt pour ses courageux collaborateurs, il fut chargé
par M. le préfet de la Seine d'organiser les concerts
qui donnent chaque hiver tant d'intérêt aux soirées hebdomadaires de l'Hôtel de ville. De plus, la
Société des jeunes artistes figura, au moins en partie, aux soirées du directeur des beaux-arts et des
musées impériaux. — Ces exécutions musicales
particulières dédommagèrent les sociétaires de la
salle Herz, mais d'une façon assez restreinte, et cependant les concerts de la salle de la rue de la Victoire avaient rendu de véritables services à l'art an-
cien et à l'art contemporain. C'est à l'initiative de
leur fondateur que l'on est redevable d'avoir entendu jouer pour la première fois à Paris *l'Enlèvement au sérail*, de Mozart, traduit par M. Prosper
Pascal et accueilli par le public avec des transports
d'admiration pour ce chef-d'œuvre. — On sait
avec quel succès le Théâtre-Lyrique donna plus
tard cet opéra, une des perles de son répertoire.
Désirant donner l'essor au talent symphonique de
plusieurs jeunes compositeurs, M. Jules Pasdeloup, non content d'exhumer les œuvres des maîtres anciens, accueillit avec joie les symphonies de MM. Charles Gounod, Lefébure-Wély,

Camille Saint-Saëns, Théodore Gouvy et Demerssemann.

Déjà il avait fait connaître à son public d'élite quelques compositions de Schumann et la musique de *Struensée*, de M. G. Meyerbeer. — C'est aussi à ces concerts que le populaire prélude de Sébastien Bach, mine féconde qui sous la plume de l'auteur futur de *Faust* fit jaillir des étincelles mélodiques, fut exécuté pour la première fois. Malgré la faiblesse relative des recettes, M. J. Pasdeloup ne se découragea pas, et, en homme qui sait ce qu'il veut parce qu'il a un but à atteindre, il imagina une combinaison au moyen de laquelle toutes les classes de la société pussent être admises à porter leurs lèvres avides à la coupe enchantée de la symphonie épique. — L'espèce de *veto* administratif qui ferme la porte du festin musical à tous ceux qui n'ont pas revêtu la robe nuptiale ou le paletot de l'abonné du Conservatoire, voulons-nous dire, donna l'heureuse idée à M. J. Pasdeloup d'abandonner la salle trop étroite de la rue de la Victoire, pour convier ailleurs le public en masse à l'audition des chefs-d'œuvre symphoniques des grands maîtres classiques allemands, et le Cirque Napoléon, qui peut contenir cinq mille auditeurs, fut choisi par lui.

N'est-il pas admirable de pouvoir, chaque dimanche, assister à l'exécution de plusieurs chefs-d'œuvre pour une somme insignifiante? — Tout Paris et la France entière applaudissent aux efforts intelligents du fondateur directeur des concerts populaires de musique classique. — Déjà dans plusieurs villes de l'Empire ils ont trouvé d'heureux imitateurs ; et à Bordeaux, qui possède deux sociétés philharmoniques en grand renom, celles du Cercle et de Sainte-Cécile, le public dilettante suit avec un véritable intérêt les concerts populaires que M. Rémusat, l'excellent flûtiste, a ouverts tout récemment. Toulouse, grâce à M. Beaudouin, a également ses concerts populaires très-goûtés, et l'Allemagne et la Hollande jouissent également, depuis quelque temps, d'institutions du même genre.

Le gouvernement de l'Empereur, qui encourage les efforts intelligents et récompense les résultats obtenus (1), a décerné l'étoile de l'honneur à M. J. Pasdeloup il y a quelques mois. Cette distinction, si méritée, ne s'est pas fait attendre, et le directeur fondateur des Concerts populaires l'a obtenue à l'âge où l'intelligence d'un artiste a atteint le *summum* de sa féconde plénitude.

Si le style est l'homme, on peut dire que le caractère de celui à qui le Ciel a départi le génie artistique ou poétique offre une grande analogie avec le genre de production qu'il a le plus affectionné.

Haydn, éminemment religieux, élève l'âme vers la contemplation des choses du Ciel, et sa gaieté naïve a l'allure de la douce béatitude que donne le sentiment d'une bonne conscience. Mozart, plus passionné, plus homme enfin, fait aimer le Créateur

(1) Déjà à l'époque de la fondation de la Société des jeunes artistes, salle Herz, S. M. l'Empereur avait daigné lui accorder une somme de 500 fr., à titre d'encouragement.

par la créature. Beethoven, grand enthousiaste de la nature, en retrace les scènes agrestes et terribles avec une véhémence particulière. Ch. M. de Weber, le dernier représentant des croyances et des superstitions de la rêveuse Allemagne, aime le fantastique, et son esprit aventureux semble préférer la carabine de *Max* et le cor d'*Oberon* aux réalités de la vie prosaïque. F. Mendelssohn, né au sein de l'opulence, mais d'un tempérament mélancolique, affecte les formes les plus élégantes ; et, pressentant en quelque sorte sa fin prématurée, il donne à toutes ses œuvres un cachet élégiaque d'autant plus marqué. Des deux modes, il semble préférer le mineur, dont la sonorité contenue répond mieux à sa pensée attristée. Schumann, critique et chercheur qui devait fournir une carrière remplie d'épreuves et de déconvenues, accuse dès ses premières œuvres une originalité et des tendances vers un nouvel état de choses musical. — Objet de discussions et même d'une polémique souvent très-passionnée, Schumann, dont M. J. Pasdeloup a fait exécuter, pour la première fois, des œuvres, à la salle Herz, il y a plus de dix ans, est un maître qui, comme Beethoven et Mendelssohn, ne sera adopté qu'avec le temps, au moins celui d'entendre ses principales productions avant que de les condamner.

Mais laissons parler les programmes, annotés par nous avec soin.

Leur lecture, en rappelant aux habitués du Cirque Napoléon de pures et douces jouissances musicales, leur fera connaître plus intimement toutes les particularités qui concernent les compositeurs, la date authentique de chacune de leurs œuvres exécutées, ainsi que les plus brillants de leurs intelligents interprètes.

CHAPITRE SECOND.

§ 1.

Personnel de l'orchestre des Concerts de musique classique (a).

M. Pasdeloup, *chef d'orchestre.*

M. Muratet père, *sous-chef.*

20 1ers VIOLONS : MM.

*Lancien,	Constantin,
Vacquiez,	Aubry,
*Colblin,	Faure,
*Colonne,	Dorliac,
*Willaume,	Gatellier,
*Accursi,	*Baüer-Keller,
*Pazetti,	Jolivet,
*Lelong,	Sabatier,
Danbé,	*Jacobi,
Baür,	Desjardins.

(a) Tous les artistes dont le nom est précédé d'un astérisque ont remporté le premier prix de leur instrument spécial au Conservatoire impérial de musique.

20 2es VIOLONS : MM.

*Collongues (Alexis),
Muratet,
Rinck,
Bernard (Ernest),
Thibault,
Haurand,
Max,
Bessac,
Cassaing,
Godin,

Barré,
Riccus,
Muratet fils,
Amato,
Lafont,
Pegot,
Lonati,
Trombetta,
Montardon,
Hunemann.

12 ALTOS : MM.

Borelly (1),
Navare,
Ritter,
Badet,
Baute 3e (Gustave),
Warnecke,

Cerclier,
Witt,
Biloir (aîné),
Demeyer,
Gradwohl,
Loth (2).

12 VIOLONCELLES : MM.

*Poëncet,
Vander-Gucht.
Biloir,
Gallyod,
Alard,
Legenisel,

Calendini,
*Lévy,
Hertzog,
Payen,
Monier,
*Thalgrün,

(1) 1er prix d'harmonie et d'accompagnement pratique, élève de M. F. Bazin.
(2) 1er prix d'harmonie écrite, élève de M. Elwart.

12 CONTRE-BASSES : MM.

*Duriez,
*Pickaërt,
*Perré,
*De Bailly,
Tubeuf,
*Delamour,
*Defourneaux,

*Baute 3ᵉ (Frédéric),
*Astruc,
*Bernard (Charles),
Binay,
*Baute 1ᵉʳ (Eugène),
*Delaporte.

76 symphonistes (1).

FLUTES : MM.

*Brunot,
*Taffanel,

Miramont.

HAUTBOIS : MM.

*Castegnier,

*Blanvillain.

CLARINETTES : MM.

Auroux,

*Grisez.

BASSONS : MM.

*Espeignet,

*Dihau.

(1) On donne le nom générique de *symphonie* aux instruments à cordes et à archets, et celui d'*harmonie* aux instruments à vent et même de percussion. Ces derniers instruments, parmi lesquels on remarque dans les grands orchestres les cymbales, la grosse-caisse, le triangle, et même les tambours, prennent le nom de *batterie* : cette dernière dénomination leur est surtout appliquée dans les musiques de régiment, où ils donnent beaucoup de *brio* aux *tutti* formidables des musiques militaires.

CORS : MM.

*Mohr,   *Paumé,
*Bonnefoy,   *Bonnefoy.

TROMPETTES : MM.

*Lallemand, | *Hottin.

TROMBONES : MM.

Richir, | Mercadier.
*François, |

TIMBALIER :

M. Weber.

OPHICLÉIDE :

M. Lahou.

TRIANGLE :

M. Reveillé.

HARPES : MM.

*Dretzen, | *Prumier,
*Gillette, | *Carillon.

INSPECTEUR DU PERSONNEL :

M. Ferrières.

GARÇON D'ORCHESTRE :

M. Planque.

25 instrumentistes à vent, de percussion et harpistes.
Total général : 101 exécutants.

On remarquera avec satisfaction que, sur ces 101 artistes, il y a 44 premiers prix. Voilà un chiffre éloquent, qui porte avec lui son éloge.

§ 2.

Prix des places.

Parquet.	5	(a).
Premières.	2 50	
Deuxièmes.	1 25	
Troisièmes.	» 75	

EN LOCATION :

Fauteuils de parquet.	6 »»	
Premières numérotées.	3 »»	
Deuxièmes.	1 25	(b).
Troisièmes.	» 75	

(a) Lors des premiers concerts cette place n'existait pas. Elle ne fut disposée en fauteuils numérotés que vers la seconde année.

(b) Par une attention délicate qui honore les organisateurs des concerts, e prix de location des deuxièmes et des troisièmes ne subit pas d'augmentation. Cependant, dans les solennités extraordinaires, qui exigent le concours des masses chorales et celui d'artistes chanteurs et instrumentistes en réputation, le prix de *toutes* les places est forcément augmenté.

L'an dernier, M. J. Pasdeloup a fondé un *Choral populaire de musique classique*, qui désormais figurera dans quatre grandes solennités musicales dont l'exécution aura lieu annuellement, à partir de la dernière série des concerts purement symphoniques.

Pour la location, s'adresser au Cirque Napoléon, boulevard des Filles-du-Calvaire ; chez MM. Prilipp, éditeur de musique, boulevard des Italiens, 17 ; Grus , éditeur de musique , boulevard Bonne-Nouvelle, 31 ; Brandus, éditeur de musique rue de Richelieu, 103 ; E. Henry et J. Martin, facteurs d'instruments de musique, rue Rivoli, 73, et rue Basse-du-Rempart, 72.

CHAPITRE TROISIÈME.

PROGRAMMES

ANNOTÉS DE TOUS LES CONCERTS POPULAIRES DE MUSIQUE CLASSIQUE DONNÉS ANNUELLEMENT DEPUIS LEUR FONDATION JUSQU'A NOS JOURS.

CIRQUE NAPOLÉON.

HAYDN, MOZART, BEETHOVEN, WEBER, MENDELSSOHN.

PREMIÈRE ANNÉE.

PREMIÈRE SÉRIE.

1er CONCERT.

Le Dimanche 27 octobre 1861, à deux heures (a).

Programme.

1. Ouverture d'Oberon, de Weber.
2. Symphonie pastorale, de Beethoven (1).
   1er morceau : Exposition des sentiments à l'aspect des cam-

(a) La *Société des jeunes artistes*, qui depuis neuf ans luttait avec tant de courage contre l'indifférence du public proprement dit, fut bien dédommagée en se voyant entourée de près de quatre mille auditeurs, dans l'immense Cirque Napoléon. A la salle Herz, il n'y avait guère que des artistes pour auditeurs ; au Cirque, la qualité se trouvait réunie à la quantité, et, depuis ce premier concert, dont le succès fut décisif, la popularité la plus sympathique n'a jamais fait défaut à l'intelligent initiateur et à ses excellents auxiliaires.

(1) Ce beau poëme musical fut rendu avec beaucoup d'ensemble ; l'andante, l'orage et le finale excitèrent surtout un véritable délire.

2.

pagnes riantes; 2ᵉ morceau : Scène au bord du ruisseau; 3ᵉ morceau : Réunion joyeuse des campagnards; l'Orage; Finale : Sentiments de joie et de reconnaissance après l'orage.

3. Concerto de violon, de Mendelssohn, exécuté par M. Alard, professeur au Conservatoire (1).

4. Hymne d'Haydn, exécuté par tous les instruments à cordes (2).

5. Ouverture de la Chasse du Jeune Henri, de Méhul (3). *L'orchestre sera dirigé par M. J. Pasdeloup.*

2ᵉ CONCERT.

Le Dimanche 3 novembre 1861, à deux heures précises.

1. Ouverture de la Flûte enchantée, de Mozart (4).

2. Symphonie en *ut* mineur, de Beethoven (5).

3. Fragment de concerto pour violoncelle, de Molique, exécuté par M. Léon Jacquard (6).

(1) Alard fut à la hauteur de cette belle et suave composition : c'est tout dire.

(2) L'hymne autrichien, dont Haydn a fait un chef-d'œuvre inimitable, qui semble ouvrir les arcanes célestes aux yeux de l'esprit, produisit un effet difficile à décrire.

(3) Cette symphonie descriptive fit tant d'effet le jour de la première représentation de l'opéra de Méhul que le public la bissa; ce qui nuisit tellement à la pièce, qui n'avait rien de bien intéressant, qu'un *ter* général obligea l'orchestre d'exécuter une troisième fois le chef-d'œuvre. Que de compositeurs seraient heureux d'être victimes d'une chute aussi sublime, fût-elle de cinq... actes!

(4) La fugue, si décriée par les ignorants, a fourni à Mozart l'occasion d'écrire un véritable chef-d'œuvre.

(5) Cette symphonie est la cinquième de Beethoven; elle a été composée en 1809. Son exécution fut très-bonne, et le finale produisit surtout un effet général.

(6) M. Léon Jacquard est un virtuose de premier ordre. Il est, avec les Franchomme, les Chevillard et les Rignault, un des élèves lauréats les plus distingués du Conservatoire.

4. Invitation à la valse, de Weber, orchestrée par M. Berlioz (1).

5. Ouverture de Guillaume Tell, de Rossini (soli : MM. Léon Jacquard, violoncelle ; Brunot, flûte ; Castegnier, cor anglais) (2).

3e CONCERT.

Le Dimanche 10 novembre 1861, à deux heures précises.

1. Jubel-Ouverture, de Weber.
2. Symphonie en *si* bémol, d'Haydn (3).
   Allegro, Adagio, Menuet, Finale.
3. Concerto pour piano, en *sol* mineur, de Mendelssohn, exécuté par M. Lubeck (4).
4. Fragments du septuor de Beethoven, exécutés par MM. Auroux (clarinette), Espeignet (basson), Paquis (cor), et tous les instruments à cordes (5).
   Thème et variations, Scherzo, Finale.
5. Ouverture de Sémiramis, de Rossini.

(1) L'auteur futur des *Troyens* a su rendre la pensée de Weber avec un bonheur inouï. L'instrumentation du chef-d'œuvre est digne et de Weber et de l'auteur de la symphonie d'*Harold*.

(2) Cette ouverture, véritable panorama musical, est une de ces conceptions du génie qui n'ont pas d'antécédents dans les fastes symphoniques. Les souffrances de la Suisse opprimée, la fraîcheur de ses glaciers éblouissants, l'orage qui précipite l'avalanche sur les chalets isolés, la marche délirante des fils de la liberté, leur triomphe, tout y a été rendu magnifiquement par l'immortel Rossini.

(3) Cette symphonie est une des plus belles de l'auteur. Elle a été composée vers 1792. On sent, en l'écoutant, que la patrie allemande *était en danger* lorsque Haydn la composa.

(4) Cet artiste, virtuose de premier ordre, exécuta le beau concerto de Mendelssohn avec un sentiment, une netteté, un brio, qui enthousiasma le Cirque tout entier.

(5) C'est Habeneck qui le premier eut l'idée de faire exécuter par tous

4ᵉ CONCERT.

Le Dimanche 17 novembre 1861, à deux heures précises.

1. Ouverture d'Eurianthe, de Weber (1).
2. Symphonie en *ut* majeur, de Beethoven (2).
   Allegro, Andante, Menuet, Finale.
3. Solo de cor, de Gallay, exécuté par M. Mohr, cor solo du Théâtre impérial de l'Opéra (3).
4. Fragments de la Symphonie en *sol*, d'Haydn (4).
   Largo, Finale.
5. Ouverture de la Muette, d'Auber (5).

les instruments à cordes ces fragments, et plusieurs autres parties des quatuors de Beethoven, d'Haydn et de Mozart. Les amateurs de musique de chambre pure trouvent avec raison que, si l'effet est grand, l'expression individuelle des exécutants est forcément neutralisée. Grave question, que les limites de notre cadre ne nous permettent pas de discuter davantage. — Les trois solistes, Auroux, Espeignet et Paquis, eurent les honneurs du septuor.

(1) Cette ouverture renferme un mouvement lent et mystérieux plein de poésie. La péroraison en est très-brillante.

(2) Beethoven a écrit cette symphonie, qui est sa première, en 1801. On y reconnaît un admirateur d'Haydn et de Mozart. L'andante est charmant, le menuetto plein d'*humour*, et le finale très-chaleureux. Beethoven la vendit 20 ducats !

(3) M. Mohr, dont le beau talent fut très-applaudi, paya bien cher le succès qu'il obtint. Un article du règlement de la *Société des Concerts*, dont il était le premier cor, lui fut rigoureusement appliqué, et il fut frappé par son comité d'un ostracisme trop sévère.

(4) Le finale de cette symphonie est si charmant que le public le bissa avec enthousiasme.

(5) L'illustre chef de l'École musicale française est un des compositeurs contemporains qui ont le plus écrit d'ouvertures ; elles sont la plupart devenues populaires ; et celle de la *Muette* est une des plus brillantes qui soient sorties de sa plume toujours jeune. L'orchestre l'exécuta avec une grande perfection.

5ᵉ CONCERT.

Le Dimanche 24 novembre 1861, à deux heures précises.

1. Ouverture d'Egmont, de Beethoven (1).
2. Symphonie en *la* majeur, de Mendelssohn (2).

    Allegro vivace, Andante religioso, Scherzo, Saltarelle.

3. Larghetto du quintette (op. 108), pour clarinette, 1ᵉʳ violon, 2ᵉ violon, alto et violoncelle, de Mozart, exécuté par M. Auroux (clarinette) et tous les instruments à cordes (3).

4. Polonaise de Struensée (le bal et l'arrestation), de Meyerbeer (4).

    Polonaise à grand orchestre, Agitation de la cour, Expression de la douleur de la reine lorsque Struensée est arrêté, Reprise de la polonaise.

5. Ouverture du Freyschütz, de Weber (5).

(1) Cette page magnifique fut très-justement applaudie.

(2) L'andante de cette brillante symphonie est une espèce de complainte moyen âge, remplie de couleur. Le public bissa ce morceau.

(3) Quelle suave et poétique composition ! M. Auroux, le brillant et expressif clarinettiste, y fut admirable, ce qui l'obligea de s'y faire applaudir une seconde fois, à la demande générale.

(4) L'illustre compositeur des *Huguenots* a écrit sur un poëme de son frère, Michel Beer, plusieurs morceaux remarquables, parmi lesquels la Polonaise est un des plus brillants.

(5) Weber, qui avait le sentiment inné de l'imitation des phénomènes de la nature, a su, dans l'introduction de cette sublime ouverture, faire rêver au charme et à la profondeur des forêts, sans imiter servilement la banale mélopée inféodée aux vulgaires cors de chasse. La mélodie déchirante de la clarinette dans l'allegro, ainsi que la phrase délicieuse qui vous fait frémir de plaisir, seront éternellement l'objet de l'admiration d'un public connaisseur.

6e CONCERT.

Le Dimanche 1er décembre 1861, à deux heures précises.

1. Ouverture des *Nozze di Figaro*, de Mozart (1)
2. Symphonie en *fa*, de Beethoven (2).
   Allegro, Allegretto scherzando, Minuetto, Allegro vivace.
3. Larghetto du quintette op. 108 (redemandé) de Mozart, exécuté par M. Auroux (clarinette) et tous les instruments à cordes.
4. Fragment de la symphonie (op. 52) de Mendelssohn.
   Allegretto un puoco agitato.
5. Symphonie en *ré* majeur (op. 80), d'Haydn.
   Allegro, Largo, Minuetto, Finale presto.

7e CONCERT.

Le Dimanche 8 décembre 1861, à deux heures précises.

1. Symphonie en *mi* bémol, de Mozart.
   Allegro, Andante, Menuet, Final.
2. Fantaisie pour flûte sur des motifs d'Oberon, de M. Brunot, exécutée par l'auteur (3).

(1) Pimpante et leste comme le sujet traité par Beaumarchais, cette ravissante ouverture fut parfaitement exécutée par l'orchestre.

(2) Cette symphonie est la huitième de Beethoven; il la composa de 1813 à 1814. L'*andante scherzando* est une étincelle qui brillera éternellement de l'éclat le plus radieux. La péroraison en est un peu italienne; mais malgré cette petite tache, remarquée par les puritains de la symphonie, le public, chaque fois qu'il entend ce morceau, le fait recommencer, et personne ne s'en plaint, ni au Conservatoire, ni au Cirque Napoléon.

(3) M. Brunot est un flûtiste de premier ordre; élève de Tulou, il a dérobé à son illustre maître le secret de charmer et d'étonner tout à la fois. Son succès fut complet.

3. Ouverture de la Belle Mélusine, légende populaire du XIIᵉ siècle, de Mendelssohn.

Mélusine, douée d'une grande beauté, devait à certains jours se transformer en serpent, et toutes les fois qu'un malheur menaçait la famille Lusignan, elle apparaissait sur la tour du château.

4. Andante (Hymne) et variations du quatuor (op. 76) d'Haydn, exécutés par tous les instruments à cordes.

5. Symphonie en *ut* mineur, de Beethoven.

8ᵉ CONCERT.

Le Dimanche 15 décembre 1861, à deux heures précises.

1. Ouverture d'*Il Matrimonio segreto*, de Cimarosa (1).

2. Concerto (24ᵉ) pour violon, de Viotti, exécuté par M. Lancien (2).

3. Symphonie en *la* majeur, de Beethoven (3).

Allegro, Andante, Scherzo, Finale.

4. Adagio et Menuet d'une symphonie en *mi* bémol, d'Haydn.

5. Ouverture de Zampa, d'Hérold (4).

(1) L'ouverture de Cimarosa est de la famille de celle des *Noces de Figaro*, de Mozart. Rien de plus pimpant et de plus leste.

(2) Viotti, qui fut pour le violon ce que David a été pour la peinture, un puissant restaurateur du vrai, du grand et du beau, naquit le 25 mai 1757 à Fontanete (Piémont), et mourut à Londres le 10 mars 1824. Le concerto de ce maître fut interprété avec style et une grande manière par M. Lancien, qui, depuis la fondation de la *Société des jeunes artistes*, est le fidèle et habile Achate de M. Jules Pasdeloup. M. Lancien a obtenu le 1ᵉʳ prix de violon dans la classe d'Alard en 1852.

(3) Cette symphonie est la septième de Beethoven; il l'a écrite en 1813, à Vienne, où elle fut exécutée pour la première fois la même année. L'*andante* est une des plus sublimes compositions du grand maître. Il fut bissé à ce concert.

(4) L'opéra d'Hérold fut représenté pour la première fois à l'Opéra-

DEUXIÈME SÉRIE (a).

Ier CONCERT.

Le Dimanche 22 décembre 1861, à deux heures précises.

1. Ouverture de Coriolan, de Beethoven.
2. Symphonie en *sol* mineur, de Mozart (1).
3. Fragments du septuor de Beethoven, exécutés par MM. Auroux (clarinette), Espeignet (basson), Mohr (cor), et tous les instruments à cordes.
   a. Adagio ; — b. Thème et variations.
4. Symphonie en *sol* majeur (n° 29), d'Haydn.
   Allegro, Largo, Menuet, Finale.

2e CONCERT.

Le Dimanche 29 décembre 1861, à deux heures précises.

1. Ouverture de l'Hôtellerie portugaise, de Chérubini(2).

Comique en 1829. Sa magnifique ouverture est restée comme l'une des plus belles compositions du maître, qui, on doit le dire avec surprise, fut abreuvé de dégoûts par certains organes de la presse musicale de l'époque.

(a) Encouragé par le succès des premières exécutions, et désirant faire jouir un plus grand nombre d'auditeurs de ces brillantes manifestations de l'art, M. J. Pasdeloup eut l'heureuse idée de diviser ses concerts en trois séries de huit concerts par saison, ce qui en porte le nombre à vingt-quatre, sans compter les *concerts spirituels* et extraordinaires dont il sera parlé plus loin.

(1) Mozart était fort jeune lorsqu'il écrivit ce chef-d'œuvre. Ce fut à Paris qu'il le composa.

(2) Chérubini, né à Florence en 1760, vint fort jeune à Paris.

2. Symphonie en *la* mineur (1ʳᵉ audition), de Mendelssohn.

Allegro moderato, Scherzo, Adagio, Finale.

3. Adagio du septuor (redemandé) de Beethoven, exécuté par MM. Auroux (clarinette), Espeignet (basson),
Paquis (cor), et tous les instruments à cordes.

4. Symphonie pastorale, de Beethoven.

1ᵉʳ morceau : Exposition des sentiments à l'aspect des campagnes
riantes ; 2ᵉ morceau : Scène au bord du ruisseau ; 3ᵉ morceau : Réunion joyeuse des campagnards, Orage ; Finale :
Sentiments de joie et de reconnaissance après l'orage.

5. Invitation à la valse, de Weber, orchestrée par
M. Berlioz.

3ᵉ CONCERT.

Le Dimanche 5 janvier 1862, à deux heures précises.

1. 8ᵉ Symphonie (Jupiter), de Mozart (1).
Allegro, Adagio, Menuet, Finale.

2. Andante religioso, de Mendelssohn (2).

3. Ouverture d'Eurianthe, de Weber.

4. Allegretto de la symphonie en *fa*, de Beethoven.

L'*Hôtellerie portugaise* fut représentée pour la première fois au théâtre
Feydeau, en 1798. — Cette ouverture est une des plus belles que cet
illustre maître a composées. Après avoir dirigé pendant vingt ans le
Conservatoire de musique, qu'il régénéra par sa ferme administration,
Chérubini mourut à Paris le 15 mars 1842. C'est M. Auber, l'un de ses
plus illustres élèves, qui depuis cette époque est le directeur de notre
première école de musique.

(1) L'enthousiasme des admirateurs des chefs-d'œuvre symphoniques
d'Haydn et de Mozart fit donner des noms souvent assez mal justifiés à
certaines symphonies de ces deux maîtres. Le titre de *Jupiter* a été sans
doute inspiré par le début grandiose de cette belle symphonie.

(2) L'expression de ce morceau tout séraphique est pleine de mystère
et de poésie.

3

5. Symphonie en *mi* bémol (n° 53), d'Haydn.
Allegro, Largo, Menuet, Finale.

4e CONCERT.

Le Dimanche 12 janvier 1862, à deux heures précises.

1. Symphonie en *ut* majeur, de Beethoven.
Allegro, Andante, Menuet, Finale.

2. Fragment du concerto de violon en *ré* majeur, de Rodolphe Kreutzer (1), exécuté par M. Willaume.

3. Le Songe d'une nuit d'été, de Mendelssohn.
Ouverture, Allegro appassionato, Scherzo, Andante, Marche.

5e CONCERT.

Le Dimanche 19 janvier 1862, à deux heures précises.

1. Ouverture de Médée, de Cherubini (2).

2. Symphonie en *ré*, de Beethoven.
Allegro, Larghetto, Scherzo, Finale.

3. Fragments de la symphonie en *mi* bémol, de Robert Schumann, né en 1811 à Zwickau (Saxe), mort à Bonn en 1856 (3).

(1) La manie des fantaisies a depuis trop longtemps relégué dans les coins poudreux des bibliothèques musicales une foule de beaux concertos dus aux Viotti, aux Rode et aux Rodolphe Kreutzer. C'est donc avec un véritable étonnement que le public accueillit et applaudit ce beau fragment d'un des plus magnifiques concertos de Kreutzer. M. Willaume, élève de M. Massart, a remporté le premier prix de violon au Conservatoire en 1861. On a applaudi le son et le style du jeune artiste, qui, d'ailleurs, avait obtenu son premier prix en exécutant ce même concerto.

(2) Cet opéra, dans lequel Mme Scio était sublime, fut représenté pour la première fois à Feydeau en 1797. L'ouverture est restée au répertoire de toutes les sociétés musicales de l'Allemagne. Cette belle composition est d'un style élevé.

(3) Déjà M. J. Pasdeloup avait donné au public de la salle Herz des com-

4. Largo et menuet de la 52ᵉ symphonie d'Haydn.

5. Ouverture solennelle, de Ferdinand Ries, né à Bonn en 1784, mort en 1838 (1).

6ᵉ CONCERT.

Le Dimanche 26 janvier 1862, à deux heures précises.

1. Symphonie militaire, d'Haydn.
   Allegro, Allegretto, Menuet, Finale.
2. Ouverture d'Oberon, de Weber (2).
3. Fragment de la symphonie en *ut* majeur, de Frantz Schubert, né à Vienne en 1797, mort en 1828 (3).
4. Symphonie en *la* (une Noce villageoise), de Beethoven (4).
   1ᵉʳ Morceau : Arrivée des villageois ;
   2ᵉ Morceau : Marche nuptiale ;
   3ᵉ Morceau : Danse des villageois, cortége des mariés ;
   4ᵉ Morceau : Le Festin, l'Orgie.

positions de Robert Schumann. Ce compositeur, qui ne peut encore être jugé en dernier ressort, est, pour les uns, le précurseur de M. Richard Wagner, et pour les autres, l'imitateur de Beethoven lorsqu'il écrivit ses derniers quatuors.

(1) Elève chéri et presque unique de Beethoven, Ferd. Ries fut un pianiste distingué et un compositeur estimable. Il a eu l'honneur d'exécuter publiquement la plupart des concertos et des sonates de son maître immortel. Cette ouverture *solennelle*, — le mot est assez drôle, — renferme de bonnes parties.

(2) *Oberon* a été composé et représenté à Londres en 1826. Weber y a mis toute son âme rêveuse et amie du fantastique le plus grandiose.

(3) L'annonce d'un fragment de symphonie de l'auteur des *Mélodies* excita une curiosité et un intérêt extrêmes. Ce compositeur, mort à l'âge de 31 ans, n'a pas eu le temps de trouver sa voie symphonique. Cependant on reconnaît dans ce morceau une entente intelligente du mélange des timbres, et on y voit que l'auteur connaissait l'art de développer une idée musicale.

(4) Il y eut une espèce de tempête populaire dans le Cirque à l'occasion

7ᵉ CONCERT.

Le Dimanche 2 février 1862, à deux heures précises.

1. Ouverture d'Egmont, de Beethoven.

2. Symphonie en *ré* majeur (nᵒ 1), de Mozart (1).
Allegro, Andante, Finale.

3. Andante de la symphonie en *la* (redemandé), de Beethoven (2).

4. Songe d'une nuit d'été, de Mendelssohn (3).
Ouverture, Allegro appassionato, Scherzo, Andante, Marche.

de l'*andante* de cette belle symphonie ; les uns voulaient qu'on le recommençât, les autres s'y opposaient. Nous avons éprouvé par expérience que la répétition immédiate d'un morceau, même sublime, diminue beaucoup de son action sur les auditeurs. Qui jamais s'est avisé de dire à un ami, frappant à sa porte après une longue absence : « Frappez de nouveau, pour que j'aie encore l'agréable sensation que vous venez de me causer » ? Le morceau bissé nous semble être dans le même cas que cet ami.

(1) L'andante de cette symphonie est une des plus poétiques créations de Mozart.

(2) Cette fois, l'andante fut bissé sans opposition, et l'exécution de ce sublime fragment fut à la hauteur de la beauté de l'œuvre.

(3) Félix Mendelssohn écrivit fort jeune la plupart des morceaux de Shakespeare. Ayant acquis plus de science, il refit quelques parties de son œuvre.

A ce concert, l'*allegro appassionato* et l'*andante* furent bissés. — Un texte explicatif, accompagné de jolis vers traduits par M. Benjamin Laroche, complétait le programme de cette partie du concert.

TROISIÈME ET DERNIÈRE SÉRIE.

1er CONCERT.

Le Dimanche 9 février 1862, à deux heures précises.

1. Ouverture des Génies, de Weber.
2. Fragments de la symphonie en *mi* bémol, de Gounod (1).
   Adagio, Scherzo.
3. Andante du 50e quatuor d'Haydn, exécuté par tous les instruments à cordes.
4. Symphonie héroïque, de Beethoven (2).
   Allegro, Marche funèbre, Scherzo, Finale.
5. Ouverture du Jeune Henri, de Méhul.

2e CONCERT (a).

Le Dimanche 16 février 1862, à deux heures précises.

1. Ouverture de Struensée, de Meyerbeer.
2. Symphonie en *la* mineur, de Mendelssohn (3).
   Introduction, Allegro agitato, Scherzo, Adagio, Allegro vivace.

(1) Cette symphonie a été exécutée pour la première fois à l'un des concerts de la Société des jeunes artistes du Conservatoire. L'*adagio* est d'une belle facture, et le *scherzo* a toute la pétulance de ceux de Mendelssohn.

(2) Cette magnifique symphonie, la troisième, a été écrite de 1802 à 1803 par Beethoven. Dans le principe, il l'avait dédiée au général Bonaparte ; mais, après l'avénement de Napoléon 1er à l'empire, le compositeur biffa la ligne de dédicace : Beethoven n'admettait le pouvoir suprême qu'en fait d'art.

(a) Ce concert, qui, d'après l'ordre de ceux qui l'ont précédé, est le 17e, fut très-chaud.

(3) Cette composition est d'une grande et belle ordonnance ; le public l'applaudit avec frénésie.

3. Fragment du 10e quatuor de Beethoven, exécuté par tous les instruments à cordes.

4. Symphonie (la Reine de France), d'Haydn (1).

Allegro, Andante, Menuet, Finale.

5. Ouverture de Guillaume Tell, de Rossini : les soli par MM. Brunot (flûte), Castegnier (cor anglais), Jacquard (violoncelle).

3e CONCERT.

Le Dimanche 23 février 1862, à deux heures précises.

1. Le Comte d'Egmont, tragédie de Gœthe, musique de Beethoven (2).

OUVERTURE. — La Flandre, opprimée par Philippe II, se soulève. — Egmont est choisi pour le chef de l'insurrection.

1er ENTR'ACTE, *allegro*. — Le duc d'Albe s'avance pour comprimer l'insurrection.

2e ENTR'ACTE, *allegretto*. — Egmont oublie ses dangers pour s'abandonner à l'amour de Claire.

Courte félicité, de longs regrets suivie!

Marche, arrestation d'Egmont.

3e ENTR'ACTE. — Claire fait de vains efforts pour soulever le peuple en faveur de la délivrance d'Egmont.

Larghetto. — Claire succombe à sa douleur.

Lentement! — lentement! — la lampe s'éteignit...
Puis... plus rien... Le repos, — le silence, — la nuit.

MÉLODRAME. — Egmont, dans son cachot, attend son arrêt

---

(1) L'*andantino* en *mi bémol* de cette symphonie est délicieux. La flûte y fait entendre de doux et poétiques accents qui ravissent l'âme. Un *bis* général fit recommencer ce diamant symphonique.

(2) Cette tragédie de Gœthe fut représentée pour la première fois à Vienne en 1811. Au Conservatoire, un artiste dramatique récite entre chaque morceau de musique des fragments en vers qui mettent en scène les plus belles situations du poëme allemand. Au Cirque, on se contente, peut-être à tort, du programme explicatif qui précède. A ce concert, le premier entr'acte et le larghetto furent bissés.

de mort. — Songe d'Egmont. — Sa mort. — La Flandre se soulève de nouveau, trop tard pour sauver Egmont, mais non pour le venger.

2. Symphonie en *sol* mineur, de Mozart (1).
Allegro, Andante, Menuet, Finale.

3. Hymne d'Haydn, exécuté par tous les instruments à cordes (2).

4. Ouverture du Freyschutz, de Weber.

4ᵉ CONCERT.

Le Dimanche 2 mars 1862, à deux heures précises.

1. Jupiter, symphonie en *ut* majeur, de Mozart.

2. Air de danse (rigodon), de l'opéra de *Dardanus* (1739), de Rameau, né à Dijon en 1683, mort en 1764 (3).

3. Symphonie en *si* bémol, de Beethoven.

4. Marche turque, de Mozart, orchestrée par M. Pascal (4).

5. Ouverture du Carnaval romain, de H. Berlioz (5).

(1) Décidément le *bis* est en grande faveur auprès du *jeune* public du Cirque. L'andante de cette symphonie fut bissé.

(2) La même ovation fut accordée à la divine composition du père de la symphonie.

(3) Cet air charmant, dont la seconde partie est d'une délicieuse naïveté, fut bissé par acclamation. L'opéra de *Dardanus* est un des plus beaux de Rameau. — Enfin, après un siècle bientôt accompli, les compatriotes de ce grand musicien se sont décidés à lui élever une statue dans la ville qui l'a vu naître. C'est à l'initiative d'un compositeur dijonnais, M. Ch. Poisot, que l'on doit la proposition de cette tardive réparation envers l'homme de génie qui fut le précurseur de Gluck en France.

(4) Le succès de l'*Enlèvement au sérail*, de Mozart, donna l'occasion à son habile traducteur, musicien de talent, de montrer sa science intelligente de l'instrumentation, et la *Marche turque* est bissée au Théâtre-Lyrique chaque fois qu'elle y est exécutée. Elle obtint le même honneur au Cirque.

(5) Originale composition, dont l'allegro, qui rappelle toutes les rumeurs

5e CONCERT.

Le Dimanche 9 mars 1862, à deux heures précises.

1. Ouverture de Ruy-Blas, de Mendelssohn (1).
2. Symphonie en *ut* mineur, de Beethoven.
   Allegro, Andante, Scherzo, Finale.
3. Gavotte de J.-S. Bach (2).
4. Symphonie en *ré* majeur (n° 49), d'Haydn.
5. Ouverture solennelle de Ries.

6e CONCERT.

Le Dimanche 16 mars 1862, à deux heures précises.

1. Symphonie en *fa* majeur, de Théodore Gouvy (3).
   Allegro, Scherzo, Andante, Finale.

du Corso de Rome pendant le carnaval, vous donne le vertige. L'exécution fut très-bonne, et l'orchestre très-applaudi.

(1) Cette composition est instrumentée avec beaucoup d'effet; elle renferme un charmant second motif. Son exécution fut excellente.

(2) Ce compositeur naquit en 1685 à Eisenach. Il aimait l'art d'une façon toute platonique, et, dès qu'il avait composé un morceau, il l'essayait en famille et le reléguait ensuite dans un vieux coffre. Comme organiste, Sébastien Bach n'a été égalé par aucun de ses contemporains, et comme compositeur, ce grand homme, qui mourut à Leipzig en 1750, a fait des découvertes et des tentatives d'instrumentation du plus sérieux intérêt. (Lire sa *Passion selon saint Matthieu.*)

(3) Ce compositeur, que l'auteur de ce livre a eu la bonne fortune d'initier à la science musicale, est une preuve évidente du pouvoir de la vocation qui pousse les artistes prédestinés. Venu à Paris pour y faire son droit, il travailla le piano avec l'excellent professeur Édouard Billard, et finalement il alla en Italie faire un voyage scientifique et musical. A Leipzig, il fit exécuter sa première symphonie en 1847, et, depuis cette époque, il écrit avec succès de la musique de chambre estimée et de nouvelles symphonies, parmi lesquelles celle en *fa* occupe un rang distingué.

2. Fragment du ballet de Prométhée, de Beethoven (1).

3. Symphonie en *mi* bémol, de Mozart (2).

Allegro, Andante, Menuet, Finale.

4. Septuor de Beethoven, exécuté par MM. Auroux (clarinette), Espeignet (basson), Paquis (cor), et tous les instruments à cordes (3).

Adagio, Thème et variations, Scherzo, Finale.

7ᵉ CONCERT.

Le Dimanche 23 mars 1862, à deux heures précises.

1. Symphonie en *la* majeur, de Mendelssohn (4).

Allegro vivace, Andante religioso, Scherzo, Saltarelle.

2. Le Comte d'Egmont, tragédie de Goëthe, musique de Beethoven (5).

(Voir le détail au 3ᵉ concert, page 42.)

3. Adagio du quintette de Mozart, exécuté par M. Auroux (clarinette), et tous les instruments à cordes (6).

4. Symphonie en *si* bémol, d'Haydn.

Allegro, Andante, Menuet, Finale.

(1) Ce fragment fut bissé ; on remarqua surtout le violoncelliste Poëncet, 1ᵉʳ prix de la classe de M. Franchomme.

(2) Le *minuetto* fut bissé, et l'ensemble de l'exécution de la symphonie fut applaudi avec justice.

(3) Le *scherzo* de ce ravissant septuor fut bissé comme de coutume. — Cette rage du *bis* fatigue les artistes et trouble l'économie d'une composition. Mais qu'y faire ? Les gens de goût la subissent, et les indifférents en profitent pour lorgner dans le Cirque, où il n'y a pas que de belles choses à entendre.

(4) L'*andante* de cette symphonie est une poétique élégie dont le motif est d'une grande élévation.

(5) L'*allegretto* du second entr'acte fut bissé.

(6) Encore cette fois, M. Auroux (le clarinettiste par excellence) obtint un succès éclatant en exécutant avec un sentiment exquis ce sublime *adagio*.

3.

8ᵉ ET DERNIER CONCERT (a).

Le Dimanche 30 mars 1862, à deux heures précises.

1. Symphonie en *ré* majeur, de Beethoven (1).
Allegro, Andante, Scherzo, Finale.

2. Ouverture d'Oberon, de Weber (2).

3. Andante du 50ᵉ quatuor d'Haydn, exécuté par tous les instruments à cordes.

4. Le Songe d'une nuit d'été, de Mendelssohn (3).
Ouverture, Allegro appassionato, Scherzo, Andante, Marche.

(a) Une ovation bien méritée fut faite au jeune chef d'orchestre par le public ; et en nous retirant, il tomba à nos pieds, du haut des troisièmes places, un programme sur le verso duquel nous lûmes, écrit au crayon, le madrigal suivant, adressé à M. J. Pasdeloup :

> Voyant ton succès mirifique,
> Pasdeloup, réduire au néant
> Mainte entreprise symphonique,
> Le peuple, heureux, reconnaissant,
> Change ton nom patronymique
> En celui de *Pas de Géant !*
> N...

(1) Cette symphonie, la deuxième de l'auteur, a été composée en 1804.

(2) Que ne doit-on pas attendre des progrès d'un public qui bisse une œuvre colossale comme celle-ci? Tout l'orchestre frémissant enleva une seconde fois le chef-d'œuvre avec un ensemble admirable.

(3) Le *scherzo* fut bissé. — On ne pouvait mieux terminer cette première session, pendant laquelle vingt-trois concerts attirèrent la foule dilettante.

Iᵉʳ CONCERT SUPPLÉMENTAIRE.

Le Dimanche 6 avril 1862, à deux heures précises.

ÉLIE,

ORATORIO DE MENDELSSOHN (*a*),

D'après le texte allemand de la Bible, traduction de Maurice Bourges.

Personnages : *Élie*, M. CAZAUX ; *Abdias et Achab*, M. MI-
CHOT ; *un Ange*, Mᵐᵉ VIARDOT ; *la Veuve
de Sarepta et le Disciple*, Mˡˡᵉ ORWIL ; *un
Ange*, Mˡˡᵉ BRAMER.

INTRODUCTION :

Récitatif (ELIE).

Le prophète Elie annonce aux Hébreux le châtiment dont le
Seigneur les menace. Le fléau de la sécheresse désolera le
pays d'Israël.

Prélude (ORCHESTRE SEUL).

(*a*) Mendelssohn a écrit le poëme de ce magnifique oratorio, qui a toute
la beauté de la Bible rehaussée par les accords et les mélodies les plus admirables. M. J. Pasdeloup, en faisant exécuter cette belle composition, a
prouvé une fois de plus qu'homme de progrès, il ne recule devant aucune
difficulté pour atteindre le but élevé auquel il aspire, — la civilisation et
la moralisation du peuple par ce que l'art musical a de plus divin. Hâtons-
nous de dire que tous les interprètes du chef-d'œuvre se montrèrent dignes
de la tâche qui leur était confiée. On remarqua la belle voix de Mˡˡᵉ Orwil,
et Mᵐᵉ Viardot, son habile professeur, fit fanatisme : l'*arioso* de l'ange
(n° 18) lui fut redemandé à grands cris par le public en délire. MM. Cazaux et Michot eurent également une grande part dans les applaudissements
de la foule. — *Paulus*, premier oratorio de Mendelssohn, est d'un caractère moins varié qu'*Elie*, et l'on sait que déjà cette fois le compositeur,
imitant les poëtes antiques, qui étaient tout ensemble auteurs de leurs
poëmes et de la mélopée qui les accompagnait, a écrit également les paroles
de ce premier oratorio.

N° 1. — *Chœur du peuple*: « O Dieu ! d'Israël vois la souffrance. »

Douleur des Israélites. Peinture de leurs maux. Plaintes et gémissements.

N° 2. — *Duo avec chœur:* « Grâce, Seigneur, entends-moi ! »

Israël implore la miséricorde divine.

N°ˢ 3 et 4. — *Récitatif et Air* (ABDIAS).

Abdias exhorte le peuple à la repentance.

« Dieu pardonne au cœur sincère. »

N° 5. — *Chœur du peuple*: « Dieu reste sourd à nos cris. »

Les Israélites n'osent plus espérer qu'ils trouveront grâce devant le Dieu terrible.

N° 6. — *Récitatif et Air* (UN ANGE).

Un ordre de Dieu conduit Elie à Sarepta, dans la maison d'une pauvre veuve, servante fidèle du Seigneur.

N° 7. — *Trio des Anges.*

N° 8. — *Scène et Duo* (LA VEUVE, ÉLIE).

« Ah ! que ta voix pour la veuve intercède. »

L'enfant de la veuve est expirant. La mère éplorée conjure le prophète de le rappele à la vie. Prière d'Elie. Doutes, désespoir de la mère. Nouvelle invocation du prophète. Le miracle s'accomplit. Explosion de reconnaissance et de foi fervente.

N° 9. — *Chœur*: « Heureux qui toujours l'aime ! »

N° 10. — *Récitatif, Scène et Chœur* (ELIE, ACHAB, LE PEUPLE).

Elie se présente devant l'impie Achab, adorateur des idoles, et lui reproche d'attirer sur son peuple les vengeances du Ciel. — Il accuse d'imposture les prêtres de Baal et leur porte publiquement un défi solennel. Deux bûchers sont dressés, chargés d'offrandes et de victimes. L'autel où descendra la flamme céleste sera l'autel du vrai Dieu.

N° 11. — *Chœur des Prêtres de Baal*: « O puissant Baal, « Viens confondre un Dieu rival. »

N°s 12 et 13. — *Récitatif et Chœur*.

Elie tourne en dérision les bruyantes acclamations des prêtres de Baal et les transports frénétiques de leur superstition.

N° 14. — *Air* (ÉLIE) : « O Dieu d'Israël ! »

Invocation du prophète, qui supplie le Seigneur de révéler sa toute-puissance par un signe éclatant.

N° 15. — *Choral* (Prière épisodique) :

« Cœurs blessés, offrez vos douleurs
« A ce tendre père. »

N° 16. — *Récitatif, Scène et Chœur*.

Elie est exaucé. Un éclair sillonne la nue. Le bûcher que le prophète a dressé s'embrase tout à coup. Enthousiasme du peuple, qui reconnaît et confesse le vrai Dieu. Cris de mort contre les prêtre de Baal.

N° 17. — *Air* (ÉLIE) :

Imprécations menaçantes contre l'impie. Sentence d'anathème.

N° 18. — *Arioso* (UN ANGE).

L'ange des vengeances divines confirme du haut des cieux le redoutable arrêt prononcé par le prophète.

N° 19. — *Récitatif, Scène et Chœur* (ABDIAS, ÉLIE, LE DISCIPLE D'ÉLIE, LE PEUPLE).

Abdias conjure Elie d'obtenir pour la terre d'Israël, desséchée et stérile, une pluie bienfaisante vainement attendue toute une année. Supplications du peuple. Prière d'Elie.

Dialogue du prophète et de son disciple, qui gravit la montagne et cherche longtemps du regard le nuage précurseur de la tempête. — Tout à coup une légère vapeur se montre à l'horizon. Le vent s'élève. Le ciel se voile. L'orage grandit, approche, éclate. Les eaux bondissent de toutes parts. — Transports de joie et de reconnaissance.

N° 20. — *Chœur final*.

Glorification du Seigneur.

2° CONCERT SUPPLÉMENTAIRE.

Le Dimanche 13 avril 1863, à deux heures précises.

1° ÉLIE,

ORATORIO DE MENDELSSOHN (1).

Deuxième exécution.

(Même détail qu'au précédent concert).

2° LES RUINES D'ATHÈNES,

DE BEETHOVEN (2).

Paroles françaises de M. Crevel de Charlemagne.

Invocation (chœur), Chœur des derviches, Marche turque (orchestre seul), Marche et Chœur.

3° CONCERT SUPPLÉMENTAIRE.

Le Vendredi-Saint, à huit heures et demie du soir.

1. Symphonie pastorale de Beethoven.

(1) Cette œuvre splendide obtint encore à ce concert les applaudissements du public. Son exécution fut irréprochable. — La traduction de M. Maurice Bourges est remarquable.

(2) Les *Ruines d'Athènes*, dont le poëme allemand est de Kotzebue, ont été mises en musique par Beethoven en 1812, et la première exécution eut lieu à Pesth. Le *chœur des derviches*, si piquant, si émouvant, fut bissé. La *marche turque* eut le même honneur. — La traduction de cette œuvre, si originale dans la plupart de ses parties, est due à M. Crevel de Charlemagne, laborieux littérateur qui a traduit également plusieurs autres œuvres importantes italiennes et allemandes.

2. Requiem de Mozart, les soli par Mlles Sax, Trebelli (1);
MM. Cazaux, Peschard.

> Requiem, Dies iræ, Tuba mirum, Rex tremendæ, Recordare,
> Confutatis (2), Lacrymosa.

3. Hymne d'Haydn, par tous les instruments à cordes.

4. Air de Stradella, chanté par Mlle Trebelli.

5. Stabat mater, de Rossini (3), les soli par Mlles Sax,
Trebelli; MM. Cazaux, Peschard (4).

> Introduction, Duo, Pro peccatis, Inflammatus.

6. Prélude de Bach, arrangé pour chœur et orchestre
par Gounod, le solo par les premiers violons (5).

(1) Mlle Trebelli est la plus brillante élève de M. F. Wartel. Cette can-
tatrice, dont la belle voix est dirigée par la plus excellente méthode, produisit un effet extraordinaire, surtout lorsqu'elle chanta l'air de Stradella,
que le public enthousiasmé lui fit recommencer.

(2) La fin de ce sublime morceau offre des combinaisons harmoniques
d'une profondeur qui effraye la pensée. Le *Lacrymosa* est d'une douleur
tempérée par le sentiment de la foi la plus vive. — On ne peut écouter
ce morceau sans être ému en pensant que Mozart versa des larmes amères
sur ce dernier ouvrage, lorsque, sur le point d'expirer, il se le fit apporter
pour le relire une dernière fois.

(3) Toutes les formules de louange ont été épuisées en faveur de cette
composition religieuse d'un coloris tout véronésien. Les quatre solistes
furent applaudis avec enthousiasme.

(4) Mlle Sax a la voix vibrante et chaleureuse, et M. Peschard, jeune
ténor actuellement attaché au Grand-Théâtre de Bordeaux, où il est adoré
du public, ainsi que M. Cazaux, la basse si expressive, furent constamment l'objet des plus brillantes ovations. Ce concert est un des plus remarquables que M. J. Pasdeloup ait dirigés depuis qu'il a pris le bâton de chef
d'orchestre populaire.

(5) Depuis plus de cent ans cette mine harmonique, sous le nom modeste
de prélude, était ouverte, et aucun compositeur n'avait osé en sonder les
profondeurs. Mieux inspiré, M. Charles Gounod a su en faire sortir l'une
des plus émouvantes de ses productions. — Malgré l'ensemble des premiers
violons, nous eussions préféré entendre jouer ce beau solo par un Vieuxtemps ou un Alard.

CONCERT DE BIENFAISANCE

Au profit de l'Œuvre de Notre-Dame-des-Arts (1)

Le Samedi 10 mai 1862, à huit heures et demie du soir.

PARTIE VOCALE :

Mme Gueymard-Lauters, MM. Gueymard, Cazaux (2).

PARTIE INSTRUMENTALE :

MM. Alard, Sivori (3), Auroux, Espeignet, Mohr.

1. Ouverture du Freyschütz, de Weber.
2. Duo du 1er acte de Guillaume Tell, de Rossini, par MM. Gueymard et Cazaux.
3. Concerto pour violon, de Mendelssohn, par M. Alard.
4. Air du Freyschütz, de Weber, par Mme Gueymard-Lauters.
5. Les Ruines d'Athènes, de Beethoven.
   Invocation, Chœur des derviches, Marche turque, Marche et chœur.

(1) Cette congrégation s'est dévouée à l'œuvre de l'éducation pour les filles des artistes, littérateurs, écrivains, médecins, fonctionnaires civils, à des conditions très-réduites.

(2) Les trois chanteurs furent couverts d'applaudissements, et les autres instrumentistes solistes, chacun dans son genre, partagèrent avec eux le plus éclatant des succès. La marche du *Tannhauser* fit fanatisme, et l'œuvre de Notre-Dame-des-Arts, grâce au concours de tant de talents réunis, encaissa une recette magnifique.

(3) La présence de ces deux grands artistes dans ce concert excita la curiosité du public au plus haut point. Chacun d'eux, suivant l'inspiration de son génie, choisit l'œuvre qui lui était la plus sympathique. Alard, le maître au style élégant, expressif, mais tempéré, demanda à Mendelssohn l'une de ses plus belles compositions, et Sivori, élève du grand et fantastique Paganini, sembla être sous le charme d'une hallucination qui causa une impression profonde au public. L'un et l'autre, plus heureux que les deux

6. Septuor de Beethoven, exécuté par MM. Auroux (clarinette), Espeignet (basson), Mohr (cor) et tous les instruments à cordes.

Adagio, Thème et variations.

7. Air du Gouverneur, du Comte Ory, de Rossini, par M. Cazaux.

8. Chœur de La Charité, de Rossini.

9. Concerto pour violon en *si* mineur, de Paganini, par M. Sivori.

10. Duo de La Favorite, de Rossini, par Mme Gueymard, M. Gueymard.

11. Marche avec chœur du Tannhauser, de R. Wagner.

personnages barbus de la fable de La Fontaine, passèrent sans trébucher sur le pont jeté par le concert de bienfaisance. A ce sujet, le madrigal suivant circula le lendemain parmi les musiciens :

> De ce combat de virtuoses,
> Lice ouverte à la charité,
> Alard et Sivori n'ont cueilli que les roses ;
> Honneur à leur habileté !
> Les noms des deux champions volaient de bouche en bouche ;
> Braves sur le terrain, aucun d'eux n'a bronché.
> Adroits à la parade, en ce duel farouche,
> Le public, leur témoin, a seul été *touché.*

DEUXIÈME ANNÉE.

CONCERT EXTRAORDINAIRE

Au bénéfice de la Crèche du XIe Arrondissement (a).

Le Dimanche 12 octobre 1862, à deux heures précises.

1. Ouverture d'Iphigénie en Aulide, de Gluck (1).
2. Symphonie en *ut* mineur, de Beethoven.
3. Andante du quatuor n° 50, d'Haydn, exécuté par tous es instruments à cordes.
4. Ouverture du Freyschütz, de Weber.

Ier CONCERT.

Le Dimanche 19 octobre 1862, à deux heures précises.

1. Symphonie en *sol* majeur, d'Haydn.
   Allegro, Adagio, Menuet, Finale.

(a) M. J. Pasdeloup ne pouvait mieux commencer la saison d'hiver qu'en apportant une large obole à la crèche du XIe arrondissement de Paris. Le public, qui n'est pas seulement sympathique aux choses de plaisir, répondit à l'appel du jeune chef d'orchestre, et, un magnifique programme aidant, le Cirque fut comble.

(1) Cette magnifique ouverture est une de ces compositions qui suffiraient pour immortaliser leur auteur. *Iphigénie en Aulide* fut représentée pour la première fois à l'Académie royale de Musique (aujourd'hui le théâtre de la Porte-Saint-Martin) le 19 avril 1776. Lorsque le chœur : *Que de grâce ! que de majesté !* se fit entendre, le public se leva en masse et applaudit avec transport la reine Marie-Antoinette, qui assistait à la première représentation de l'œuvre de son vieux maître de musique lorsqu'elle n'était qu'archiduchesse d'Autriche.

2. Adagio du 3e quintette en *sol* mineur, de Mozart, exécuté par tous les instruments à cordes (1).

3. Ouverture de Ruy-Blas, de Mendelssohn.

4. Symphonie en *la* (une Noce villageoise), de Beethoven.

1er Morceau : Arrivée des Villageois ; — 2e Morceau : Marche nuptiale ; — 3e Morceau : Danse des Villageois, Cortége des Mariés ; — 4e Morceau : Le Festin, Orgie.

2e CONCERT.

Le Dimanche 26 octobre 1862, à deux heures précises.

1. Ouverture de Fidelio (en *mi* majeur), de Beethoven (2)

2. Symphonie en *ut* majeur, n° 30, d'Haydn.

Allegro, Andante, Menuet, Finale.

3. Quintette (op. 108), de Mozart, exécuté par M. Auroux (clarinette) et tous les instruments à cordes.

4. Songe d'une nuit d'été, de Mendelssohn.

Ouverture, Allegro appassionato, Scherzo, Andante, Marche.

3e CONCERT.

Le Dimanche 2 novembre 1862, à deux heures précises.

1. Ouverture de Lodoïska, de Cherubini (3).

(1) Ce ravissant morceau est une des perles de la musique de chambre de Mozart. Son exécution fut parfaite. Les progrès de l'orchestre, sous le rapport de l'ensemble et du fini des détails, sont incessants. Malgré tout ce que présente de défectueux un cirque au centre duquel les musiciens sont forcément placés, les nuances commencent à être mieux observées par la jeune armée symphonique. Encore une année d'exercice, et les connaisseurs les plus difficiles n'auront que des éloges, sans restriction, à donner au chef et à ses vaillants soldats.

(2) Ce grand homme a écrit plusieurs ouvertures pour ce seul opéra qu'il ait composé. *Fidelio* a été représenté pour la première fois à Vienne, le 20 novembre 1806, pendant l'occupation française.

(3) A l'époque où Cherubini écrivit la partition de *Lodoïska*, deux théâ-

2. Andante religioso, de Mendelssohn.

3. Symphonie héroïque, de Beethoven.

Allegro, Marche funèbre, Scherzo, Finale.

4. Hymne d'Haydn, exécuté par tous les instruments à cordes.

5. Ouverture d'Oberon, de Weber.

4ᵉ CONCERT.

Le Dimanche 9 novembre 1862, à deux heures précises.

1. Ouverture de Sémiramis, de Rossini (1).

2. Symphonie en *sol* mineur, de Mozart.

Allegro, Andante, Menuet, Finale.

3. Adagio du septuor de Beethoven, exécuté par MM. Auroux (clarinette), Espeignet (basson), Paquis (cor), et tous les instruments à cordes.

4. Symphonie en *si* bémol (n° 52), d'Haydn.

Allegro, Adagio, Menuet, Finale.

tres d'opéra-comique existaient à Paris : celui de la rue Feydeau et celui de la place Favart. L'opéra de ce grand compositeur obtint un succès d'estime en France, mais fut représenté en Allemagne avec un succès qui dura fort longtemps. R. Kreutzer a également donné une *Lodoïska* à l'Opéra-Comique en 1791. On sait quel succès obtint la *Marche des Tartares* du célèbre violoniste. Il courut, dans le temps de la vogue de cette marche, une anecdote relative à un Anglais qui, attablé chez Véry, au Palais-Royal, et ne sachant comment demander de l'*anguille à la tartare* au garçon de salle, ne trouva rien de plus significatif que de lui chanter le motif de la fameuse marche : *Ut ré mi fa fa fa fa fa*, etc. Se non è vero, è ben trovato.

(1) *L'andante* de cette ouverture est d'une suavité délicieuse, et dans l'allegro on admire de charmants solos de flûte et de clarinette, que l'instrumentation la plus brillante rehausse avec beaucoup d'éclat. Traduite en français par la plume du célèbre Méry, la *Sémiramis*, — qui servit de début aux deux sœurs Marchisio, de Turin, — a été représentée à l'Académie impériale de musique en 1861.

5e CONCERT.

Le Dimanche 16 novembre 1862, à deux heures précises.

1. Jubel-ouverture, de Weber.
2. Concerto pour piano en *mi* bémol, de Beethoven, exécuté par M. Alfred Jaëll (1).
   Allegro, Adagio, Rondo.
3. Air de ballet de l'opéra de Dardanus, 1739 (rigodon), de Rameau, né à Dijon en 1683, mort en 1764.
4. Ouverture de Coriolan, de Beethoven (2).
5. Symphonie en *sol* majeur (n° 29), d'Haydn.
   Allegro, Largo, Menuet, Finale.

6e CONCERT.

Le Dimanche 23 novembre 1862, à deux heures précises.

1. Ouverture de la Flûte enchantée, de Mozart.
2. Symphonie en *la* mineur, de Mendelssohn.
   Introduction, Allegro agitato, Scherzo, Adagio, Allegro vivace.
3. Allegretto scherzando de la symphonie en *fa*, de Beethoven.
4. Symphonie en *mi* bémol (n° 53), d'Haydn.
   Allegro, Adagio, Menuet, Finale.

7e CONCERT.

Le Dimanche 30 novembre 1862, à deux heures précises.

1. Ouverture de Don Juan, de Mozart (3).
2. Symphonie en *ut* majeur, de Beethoven.
   Allegro, Andante, Menuet, Finale.

(1) Ce beau concerto a été composé par Beethoven en 1801. Ferdinand Ries l'exécuta le premier en public. — M. Alfred Jaëll est un pianiste de la grande école. Son succès fut grand et mérité.

(2) Belle composition, pleine de feu et de mouvement, écrite en 1806 par son immortel auteur.

(3) Mozart composa cette ouverture dans la nuit qui précéda la pre-

3. Ouverture de la Belle Mélusine, (légende populaire du XIIᵉ siècle), de Mendelssohn.

> Mélusine, douée d'une grande beauté, devait à certains jours se transformer en serpent, et, toutes les fois qu'un malheur menaçait la famille Lusignan, elle apparaissait sur la tour du Château.

4. Adagio en *mi* majeur du quatuor n° 6, d'Haydn, exécuté par tous les instruments à cordes.

5. Invitation à la valse, de Weber, orchestrée par M. Berlioz.

8ᵉ CONCERT.

Le Dimanche 14 décembre 1862, à deux heures précises.

1. Ouverture d'Iphigénie, de Gluck.
2. Symphonie en *ré*, n° 49, d'Haydn.
   Introduction, Allegro, Andante, Menuet, Finale.
3. Introduction (ballade) et Polonaise pour violon, de H. Vieuxtemps, exécutées par l'auteur (1).
4. Andante et variations du septuor de Beethoven, exécutés par MM. Auroux (clarinette), Espeignet (basson), Paquis (cor), et tous les instruments à cordes.
5. Ouverture de Ruy-Blas, de Mendelssohn.

mière représentation (qui eut lieu à Prague dans l'hiver de 1787). Dédaignant les applaudissements banals, qui ne font jamais défaut aux péroraisons les plus plates, Mozart, ainsi que Gluck l'avait fait le premier dans l'ouverture d'*Iphigénie en Aulide*, a modulé la fin de celle de *Don Giovanni* de façon à l'enchaîner avec l'air de *Leporello*, qui ouvre la scène. Une main habile a terminé dans le ton de l'ouverture, afin de pouvoir la faire exécuter dans les concerts.

(1) Henri Vieuxtemps, dont le talent toujours vivace fait antithèse avec son nom patronymique, est tout à la fois un compositeur de grand talent et un virtuose hors ligne. Sa ballade et sa polonaise produisirent un effet général. Ce morceau, dédié à M. H. Brochon, le Mécène des artistes à Bordeaux, a été gravé avec un fini précieux en Allemagne, en grande partition.

DEUXIÈME SÉRIE.

1er CONCERT.

Le Dimanche 21 décembre 1862, à deux heures précises.

1. Ouverture des Noces de Figaro, de Mozart.
2. Concerto en *ré* majeur pour violon, de Beethoven, exécuté par M. Henri Vieuxtemps (1).
   Allegro, Adagio, Rondo.
3. Andante du quatuor n° 50 d'Haydn, exécuté par tous les instruments à cordes.
4. Symphonie en *la* majeur de Mendelssohn.
   Allegro, Andante, Scherzo, Saltarelle.
5. Ouverture d'Eurianthe, de Weber.

2e CONCERT.

Le Dimanche 28 décembre 1862, à deux heures précises.

1. Ouverture du Roi des Génies, de Weber.
2. Symphonie pastorale, de Beethoven.
   1er Morceau : Exposition des sentiments à l'aspect des campagnes riantes ; 2e Morceau : Scène au bord du ruisseau ; 3e Morceau : Réunion joyeuse des campagnards, l'Orage ; Finale : Sentiments de joie et de reconnaissance après l'orage.

---

(1) Ce concerto, dans lequel Beethoven a mis tout son génie symphonique, a été exécuté pour la première fois à Paris le 23 mars 1828, par Baillot, au second concert de la célèbre Société du Conservatoire. L'intérêt puissant de l'orchestration de ce chef-d'œuvre nuit quelquefois à celui qu'inspire le virtuose qui l'interprète. Mais, malgré l'antagonisme établi comme à dessein par l'auteur, H. Vieuxtemps sortit victorieux de la lutte, et fut admirable, surtout dans l'*adagio*, cette pierre de touche des grands artistes exécutants.

3. Adagio du 3e quintette en *sol* mineur de Mozart,
4. Ouverture d'Athalie, de Mendelssóhn (1).
5. Finale de la symphonie en *sol* majeur, n° 29, d'Haydn (2).

3ᵉ CONCERT.

Le Dimanche 4 janvier 1863, à deux heures précises.

1. Symphonie de la Reine, d'Haydn (3).
    Allegro, Allegretto, Menuet, Finale.
2. Concerto pour violon en *la* mineur (hommage à Grétry), de H. Vieuxtemps, exécuté par M. H. Vieuxtemps (4).
3. Ouverture d'Athalie (redemandée), de Mendelssohn.
4. Air de ballet de Prométhée, de Beethoven.
5. Ouverture de Freyschütz, de Weber.

4ᵉ CONCERT.

Le Dimanche 11 janvier 1863, à deux heures précises.

1. Symphonie en *mi* bémol, de Mozart (5).
    Allegro, Andante, Menuet, Finale.

(1) Cette composition a de l'ampleur; elle se termine avec beaucoup d'éclat.

(2) Sémillant, vif, léger, tout français par le style, ce ravissant *finale* produisit une sensation générale, et il eût été bissé, sans aucun doute, s'il n'avait pas été le dernier morceau du programme.

(3) L'*allegretto* de cette charmante symphonie fut bissé avec frénési par le public. Nous avons eu déjà l'occasion de signaler tout ce qu'il y a de charme et de poésie dans ce morceau.

(4) Cette composition offre tout ce qu'il y a d'intéressant dans les concertos de l'ancienne coupe, sans avoir certaines longueurs qui se remarquent dans ces derniers. De plus, et pour justifier son sous-titre : *Hommage à Grétry*, H. Vieuxtemps a intercalé dans son *adagio* le délicieux motif de l'air *Où peut-on être mieux qu'au sein de sa famille*. L'œuvre et l'artiste obtinrent à ce concert l'ovation la mieux méritée.

(5) Le *minuetto* fut bissé. Cette symphonie a été écrite à Paris, par Mo-

2. Adagio du quatuor nº 6 d'Haydn, exécuté par tous les instruments à cordes (1).

3. Scherzo d'une symphonie inédite de M. G. Bizet, prix de Rome de 1857 (2).

4. Le comte d'Egmont, tragédie de Gœthe, musique de Beethoven.

OUVERTURE. — La Flandre, opprimée par Philippe II, se soulève. — Egmont est choisi pour le chef de l'insurrection.

1er ENTR'ACTE, *allegro*. — Le duc d'Albe s'avance pour comprimer l'insurrection.

2e ENTR'ACTE, *allegretto*. — Egmont oublie ses dangers pour s'abandonner à l'amour de Claire (3).

Courte félicité, de longs regrets suivie!

Marche, arrestation d'Egmont.

3º ENTR'ACTE. — Claire fait de vains efforts pour soulever le peuple en faveur de la délivrance d'Egmont.

Larghetto. — Claire succombe à sa douleur.

Lentement! — lentement! — la lampe s'éteignit...
Puis... plus rien... Le repos, — le silence, — la nuit.

MÉLODRAME. — Egmont, dans son cachot, attend son arrêt de mort. — Songe d'Egmont. — Sa mort. — La Flandre se soulève de nouveau, trop tard pour sauver Egmont, mais non pour le venger.

zart, pour les Concerts spirituels. Ce grand homme, croyant comme un catéchumène des premiers temps de l'Eglise, raconte, dans une de ses lettres à son père, qu'après avoir assisté à l'exécution de sa symphonie, qui fut très-bien reçue du public (juillet 1773), il alla dire son chapelet au Palais-Royal, où il prit une glace au café de Foy.

(1) Ce bel adagio fut également bissé.

(2) Ce morceau, déjà exécuté à la séance solennelle de la distribution des prix de l'Institut de France, fut bien accueilli.

(3) Même ovation à l'allegretto du deuxième entr'acte de cette œuvre saisissante.

4

5e CONCERT.

Le Dimanche 18 janvier 1863, à deux heures précises.

1. Symphonie en *mi* bémol, nᵒ 50, d'Haydn, solo de violon par M. Lancien (1).
   Introduction, Allegro, Andante, Menuet, Finale.
2. Fragment de la symphonie-cantate de Mendelssohn (2).
3. Ouverture de *Fidelio* en *mi* majeur, de Beethoven.
4. Gavotte (1720), de Sébastien Bach.
5. Symphonie en *la*, de Beethoven.
   Introduction, Allegro, Andante, Scherzo, Finale.

6e CONCERT.

Le Dimanche 25 janvier 1863, à deux heures précises.

1. Symphonie en *ré* majeur, de Beethoven.
   Introduction, Allegro, Larghetto, Finale.
2. Concert-Stuk pour piano, de Weber, exécuté par Mᵐᵉ Pleyel (3).

(1) Ce solo de violon donne beaucoup d'intérêt à la rentrée de la masse symphonique.

(2) La *symphonie-cantate* de l'illustre compositeur est une œuvre qui perd à être morcelée. Le fragment dont il est ici question fut enlevé avec *brio* par l'orchestre.

(3) Véritable muse du piano, cette grande artiste produisit un effet extraordinaire et sur les connaisseurs du parquet, et sur les plus modestes auditeurs des troisièmes places. Pour sentir, il ne faut pas de science, et tout artiste qui sait parler au cœur des hommes sensibles est marqué du sceau divin du génie. C'est dire assez que Mᵐᵉ Marie Pleyel atteignit la perfection en exécutant la ravissante composition de Weber.

3. Largho et cantabile du 5ᵉ quatuor d'Haydn, exécutés par tous les instruments à cordes.

4. Symphonie en *la* mineur, de Mendelssohn.

Introduction, Allegro moderato, Scherzo, Adagio, Finale.

5. Ouverture de Guilaume Tell, de Rossini : soli par MM. Brunot (flûte), Castegnier (cor anglais), Poëncet (violoncelle) (1).

7ᵉ CONCERT.

Le Dimanche 1ᵉʳ février 1863, à deux heures précises.

1. Ouverture de Médée, de Cherubini.

2. Symphonie militaire de Haydn (2).

Introduction, Allegro, Allegretto, Menuet, Finale.

3. Polonaise de Struensée (le Bal et l'Arrestation), de Meyerbeer (3).

Polonaise. — Arrestation de Struensée. — Expression de la douleur de la reine lorsque Struensée est arrêté. — Reprise de la polonaise.

4. Septuor de Beethoven, exécuté par MM. Auroux (clari-

(1) Nous approuvons beaucoup le directeur des Concerts populaires de mentionner sur les programmes les noms des artistes qui collaborent avec lui par leur talent pour faire de son œuvre populaire une des plus utiles institutions musicales de l'époque. MM. Brunot, Castegnier et Poëncet furent tous les trois chaleureusement applaudis.

(2) Le père de la symphonie, dérogeant à ses habitudes généralemen peu belliqueuses, a donné une couleur si caractéristique à son œuvre, que le bon sens des auditeurs ses contemporains la désigna sous le titre de *militaire*.

(3) Belle composition, qui a quelque chose de fatal, et où la variété des rhythmes de la polonaise fait songer aux tours de force de ce genre accomplis par M. Meyerbeer dans chacune de ses trois inimitables *Marches aux flambeaux*.

nette), Espeignet (basson), Paquis (cor), et tous les instruments à cordes (1).

Nos 1. Adagio. — 2. Adagio-cantabile. — 3. Menuet. — 4. Andante con variazioni. — 5. Scherzo. — 6. Finale.

8e CONCERT.

Le Dimanche 8 février 1863, à deux heures précises.

1. Ouverture de Geneviève, de Robert Schumann, né à Zwickau (Saxe) en 1811, mort à Bonn en 1856 (2).

2. Symphonie n° 42, d'Haydn.

Introduction, Vivace, Andante, Menuet, Finale.

3. Adagio du 9e quatuor de Beethoven, exécuté par tous les instruments à cordes.

4. Le Songe d'une nuit d'été, de Mendelssohn.

Ouverture, Allegro appassionato, Scherzo, Andante, Marche.

(1) Ce beau septuor, qui n'a jamais été exécuté en entier au Conservatoire, on ne sait trop pourquoi, a été composé en 1800. C'est une des plus belles œuvres de musique de chambre que Beethoven ait écrites.

(2) Cet opéra a été composé en 1841 et représenté à Leipzig. L'ouverture renferme de belles parties; mais l'auteur, en voulant éviter d'écrire des lieux communs, a souvent étouffé l'idée mélodique sous les riches arabesques de capricieux accompagnements.

TROISIÈME ET DERNIÈRE SÉRIE.

Iᵉʳ CONCERT.

Le Dimanche 15 février 1863, à deux heures précises.

1. Jupiter, symphonie de Mozart.
Allegro, Andante cantabile, Menuet, Finale.
2. Marche turque, de Beethoven (1).
3. Andante de la symphonie n° 49, d'Haydn.
4. L'Ours, finale de la Symphonie n° 25, d'Haydn (2).
5. Ouverture d'Oberon, de Weber.
6. Air de ballet de Prométhée, de Beethoven.
7. Ouverture du Jeune Henri, de Méhul.

2ᵉ CONCERT.

Le Dimanche 22 février 1863, à deux heures précises.

1. Symphonie n° 51 de Haydn.
Introduction, Allegro, Andante, Menuet, Finale.
2. Ouverture de la Grotte de Fingal, de Mendelssohn (3).
3. Sérénade pour instruments à vent, de Mozart, exé-

(1) Le génie devine la couleur et le caractère national des sujets qu'il est appelé à traiter. En écoutant cette marche turque on se croit transporté comme par enchantemement sur les bords du Bosphore.

(2) Le caractère brusque et sauvage de ce finale lui a fait donner le nom de l'*Ours* par les habitués de la Loge olympique, où, au commencemen de ce siècle, la Symphonie n° 25 fut exécutée aux applaudissements frénétiques du public.

(3) Cette poétique inspiration vous transporte dans le palais des fées. Que d'originalité, de jeunesse, dans cette belle œuvre d'art! L'instrumentation est d'une grande nouveauté.

4.

cutée par MM. Castegnier, Blanvillain (hautbois); Auroux, Grisez (clarinettes); Espeignet, Dihau (bassons); Paquis, Bonnefoy (cors) (1).

4. Symphonie en *ut* mineur, de Beethoven.

Allegro, Andante, Scherzo, Finale.

3ᵉ CONCERT.

Le Dimanche 1ᵉʳ mars 1863, à deux heures précises.

1. Ouverture de Preciosa, de Weber (2).
2. Symphonie en *mi* bémol, de Robert Schumann (3).

Allegro, Scherzo, Andante, Finale.

3. Ouverture de la Grotte de Fingal (redemandée), de Mendelssohn.
4. Adagio du quintette op. 108 de Mozart, exécuté par tous les instruments à cordes.
5. Symphonie eu *ut* majeur, de Beethoven.

Allegro, Andante, Menuet, Finale.

(1) Charmante boutade échappée à l'esprit le plus aimable et le plus profond tout à la fois. Les solistes dont les noms figurent sur le programme furent tous, sans exception, à la hauteur de la pensée du maître.

(2) Quoique d'un style moins élevé, moins symphonique, que les grandes ouvertures de ce maître, celle de *Preciosa* renferme de jolis motifs, et sa péroraison est chaleureuse.

(3) Robert Schumann, ainsi que nous le dirons dans l'étude consacrée à ce compositeur, n'a pas eu le temps de marcher dans toute la plénitude d'un talent que l'expérience eût éclairé et développé. Sa symphonie, qui renferme de très-belles parties, manque quelquefois de cette netteté de contours si frappante chez Haydn, Mozart et Beethoven. Cependant le *scherzo* et l'*andante* produisirent un excellent effet. Le temps, qui met chaque chose et chaque individualité à sa place, décidera de la véritable valeur de ce compositeur.

4e CONCERT.

Le Dimanche 8 mars 1865, à deux heures précises.

1. Symphonie en *sol* majeur, n° 45, d'Haydn : le solo de violon par M. Lancien (1).

Introduction, Allegro, Adagio, Menuet, Finale.

2. Allegretto un poco agitato de l'op. 58 de Mendelssohn.

3. Marche turque (orchestrée par M. Pascal), de Mozart.

4. Symphonie en *si* bémol, de Beethoven.

Introduction, Allegro, Adagio, Menuet, Finale.

5. Ouverture de Sémiramis, de Rossini.

5e CONCERT.

Le Dimanche 15 mars 1865, à deux heures précises.

1. Symphonie pastorale, de Beethoven.

1er Morceau : Exposition des sentiments à l'aspect des campagnes riantes; 2e Morceau : Scène au bord du ruisseau; 3e Morceau : Réunion joyeuse des campagnards, l'Orage ; Finale : Sentiments de joie et de reconnaissance après l'orage.

2. Adagio en *mi* majeur d'un quatuor d'Haydn, exécuté par tous les instruments à cordes.

3. Le Comte d'Egmont, tragédie de Gœthe, musique de Beethoven.

(Voir le détail page 61.)

4. Ouverture de Zampa, d'Hérold.

---

(1) Le solo de violon, qui donne à cette symphonie un caractère tout particulier, fut fort bien joué par ce jeune artiste, l'un des bons élèves de M. Alard.

6e CONCERT.

Le Dimanche 22 mars 1863, à deux heures précises.

1. Ouverture de Struensée, de Meyerbeer (1).
2. Symphonie en *fa*, de Beethoven.
   Allegro, Allegretto scherzando, Menuet, Finale.
3. Allegro du concerto en *ré* mineur pour violon, de Kreutzer, exécuté par M. Lancien (2).
4. Adagio de la 44e symphonie d'Haydn (3).
5. Le Songe d'une nuit d'été, de Mendelssohn.
   Allegro appassionato, Scherzo, Andante, Marche.

7e CONCERT.

Le Dimanche 29 mars 1863, à deux heures précises.

1. Ouverture d'Eurianthe, de Weber.
2. Symphonie en *la*, de Beethoven.
   Introduction, Allegro, Andante, Scherzo, Finale.
3. Allegretto un poco agitato, de Mendelssohn.
4. Andante et Menuet de la symphonie en *mi* bémol de Mozart.
5. Septuor de Beethoven, exécuté par MM. Auroux (clarinette), Espeignet (basson), Paquis (cor), et tous les instruments à cordes.
   Nos 1. Introduction, allegro. — 2. Adagio-cantabile. — 3. Menuet. — 4. Andante con variazioni. — 5. Scherzo. — 6. Finale.

(1) Belle composition, remplie de traits imprévus, et dont la péroraison est très-dramatique.

(2) Ce bel adagio a été chanté avec une grande expression par le chef des premiers violons de l'orchestre.

(3) Que de simplicité, de sentiment ! Haydn, dont le caractère était très-religieux, semble, dans tous les morceaux du genre de celui-ci, adresser un hymne à la Divinité.

Ier CONCERT SUPPLÉMENTAIRE.

Le Vendredi-Saint, à huit heures et demie du soir.

1. Symphonie en *ut* mineur, de Beethoven,
Allegro, Andante, Scherzo, Finale.
2. *Ave, Maria* (XVIe siècle), chœur (1).
3. Deuxième parole de J.-C., d'Haydn (2).
· *Hodie mecum eris in Paradiso.*
4. Air d'église (XVIIe siècle), de Stradella, chanté par Mme Nantier-Didiée (3).
5. *Alleluia* (XVIIe siècle), chœur de Hændel (4).
6. Hymne d'Haydn, exécuté par tous les instruments à cordes.
7. *Requiem* (XVIIIe siècle), chœur, de Mozart (5) :
Confutatis, Lacrymosa.

(1) Ce chœur, sans accompagnement, est écrit avec les seuls accords parfaits : c'est la tonalité du plain-chant expirant sous l'étreinte d'une harmonie inspirée par le sentiment le plus pur. On regrette de ne pouvoir désigner le nom de l'homme de génie qui, plus soucieux de son salut de chrétien que de sa gloire d'artiste, a écrit cette page admirable.

(2) Les Sept Paroles de Jésus-Christ ont été composées par J. Haydn sur la demande d'un prince de l'Église espagnole. Entre chaque parole, une homélie était prononcée par un orateur ecclésiastique.

(3) C'est ce morceau qui, chanté par Stradella dans une église de Rome, lui sauva la vie. Touchés aux larmes par la voix séraphique de l'auteur, les assassins qu'un rival avait mis à sa poursuite se jetèrent à ses pieds à sa sortie de l'église et le conjurèrent de s'éloigner de la ville éternelle. Stradella et Hortensia, sa maîtresse, se réfugièrent à Gênes, où, quelque temps après, en 1670, ils furent trouvés assassinés tous deux dans leur lit nuptial, car ils s'étaient mariés à Turin depuis l'aventure de Rome.

(4) Ce chœur est d'une magnificence inouïe. C'est de la musique religieuse qui a toute la splendeur et le genre du style de Paul Véronèse, le peintre des *Noces de Cana* qu'on admire au musée du Louvre.

(5) Le *Requiem* de Mozart, que sa main glacée par la mort ne put achever quant à l'orchestration en général, et à certains morceaux en par-

8. *O Salutaris* (XIXe), d'Auber, chanté par Mme Nantier-Didiée (1).

9. *Sanctus* (XIXe siècle), chœur, par Gounod. Le solo par M. Colomb (2).

CONCERT SYMPHONIQUE (*a*)

Donné au profit des Pauvres honteux.

Le Jeudi 9 avril 1863, à deux heures précises.

1. Ouverture de Guillaume Tell, de Rossini : les soli par MM. Brunot (flûte), Castegnier (cor anglais) et Poëncet (violoncelle).

2. Cavatine du Barbier, de Rossini, par Mme Gassier.

3. Andante et Finale d'Haydn.

4. Concerto pour violon, de Spohr, par M. Becker (3).

5. Air du ballet de Prométhée, de Beethoven : le solo de violoncelle par M. Poëncet.

6. Sicilienne des Vêpres, de Verdi, par Mme Gassier.

7. Le Songe d'une nuit d'été, de Mendelssohn.

Allegro appassionato, Scherzo, Marche.

ticulier, fut exécuté pour la première fois à Paris, le 30 frimaire de l'an XIII, à l'église Saint-Germain-l'Auxerrois, au bénéfice de la Caisse des pensions du Conservatoire national de musique. La recette de deux exécutions successives atteignit le chiffre de 9,109 fr.

(1) Ce motet, d'un style élégant et dévotieux sans ascétisme, fut admirablement chanté par Mme Nantier-Didiée, que le Conservatoire compte avec orgueil parmi ses plus brillantes élèves.

(2) Morceau d'une grande élévation de pensée, qu'un solo très-poétique couronne comme un nimbe de Masaccio.

(*a*) Ce brillant concert, dont la recette fut très-belle, donna au public l'occasion d'applaudir les solistes favoris de l'orchestre du Cirque Napoléon, et la voix sympathique de Mme Gassier, dont le passage trop court au Théâtre-Italien fut une suite d'ovations.

(3) Ce violoniste possède du style et il joue avec une justesse irréprochable. Elève de Spohr, M. Becker est compté, avec raison, parmi les plus brillants virtuoses contemporains.

2ᵉ CONCERT SUPPLÉMENTAIRE.

Le Dimanche 19 avril 1863, à deux heures précises.

BEETHOVEN.

SYMPHONIE AVEC CHŒURS (1).

Traduction nouvelle de M. Ruelle.

SOLI :

*M*ᵐᵉˢ *Viardot, Simon; MM. Capoul, Bussine.*

1ᵉʳ Morceau : Allegro non troppo, un poco maestoso.

2ᵉ Morceau : Scherzo.

3ᵉ Morceau : Adagio molto e cantabile.

4. Morceau : Finale, ode à la Joie.

« O Joie, belle étincelle de Dieu, fille de l'Elysée,
« nous entrons tout brûlants du feu divin dans ton
« sanctuaire. Un pouvoir magique réunit ceux que le
« monde et le rang séparent ; à l'ombre de ton aile
« si douce, tous les hommes deviennent frères.

. . . .

« Gai! gai! Comme les soleils roulent sur le plan
« magnifique du ciel, de même, frères, courez four-
« nir votre carrière, pleins de joie, comme le héros
« qui marche à la victoire.
« Que des millions d'êtres, que le monde entier,
« se confondent dans un même embrassement!
« Frères, au delà des sphères doit habiter un père
« bienaimé. »

. . . .

(SCHILLER.)

(1) Cette symphonie est la neuvième de l'auteur. Il la commença en
novembre 1823 et l'acheva en février 1824. L'*Hymne à la Joie*, de Schiller, a servi de prétexte à cette composition gigantesque, dont le scherzo,

HÆNDEL.

SÉLECTION (a).

Traduction nouvelle de M. Sylvain Saint-Etienne.

1. Chœur de Salomon (1).

A flots purs un doux encens
S'élève aux cieux resplendissants.
Gloire à David, heureux trois fois Salomon,
L'avenir proclamera son nom !

2. Chœur de Salomon.

Doux rossignol, qui chantes au soir si vermeil,
Sur eux viens répandre un calme sommeil.
Retraites secrètes,
Soyez discrètes.
Prairie fleurie,
Souris à leurs jeux.
Zéphir, respire,
Soupire pour eux.
Oiseau, que ton chant berce leur rêve amoureux.

3. Chœur du Messie (2).

Alleluia.

4. Air de l'opéra *Alcina* (3), par Mme Viardot.

de l'avis de Rossini, est un morceau inimitable. L'andante est également
une des plus belles pages du maître, et le finale est rempli de splendeur. La
partie vocale soliste est souvent hérissée de difficultés, que Mmes Viardot et
Simon surmontèrent avec une grande habileté. La traduction de M. Ruelle
est très-remarquable.

(a) On donne ce nom en Angleterre à la réunion de différents morceaux
choisis dans les œuvres d'un compositeur.

(1) L'oratorio de *Salmon* a été écrit en 1749.

(2) *Le Messie*, le chef-d'œuvre de Hændel, a été écrit en vingt et un
jours, en 1741.

(3) L'*Alcine*, opéra, fut représentée pour la première fois à Londres en
1735.

5. Chœur des Macchabées, de Hændel (1).

> Roi des conquêtes,
> Gloire à tes jours !
> Sonnez, trompettes !
> Battez, tambours !

(1) L'oratorio de *Judas Macchabée* a été écrit en 1746. — La tra-
duction de ces différents morceaux a été faite par M. Sylvain Saint-
Etienne , avec la plume fidèle et élégante qui a écrit l'*Eden* , *Christophe
Colomb* et *La Perle du Brésil*, trois œuvres de Félicien David.

Le culte voué à la mémoire de Hændel par la nation anglaise s'est ma-
nifesté sous toutes les formes. Il a un monument dans Westminster, et sa fête
séculaire à Londres. De plus, une société s'y est formée depuis près d'un siècle
pour exécuter ses œuvres dans une perfection idéale ; enfin on a trouvé le
moyen de publier *tous les ouvrages* du grand maître saxon à un prix de re
vient qui les met à la portée de toutes les fortunes. Un pareil exemple va,
dit-on, être suivi par l'un des principaux éditeurs de Paris.

TROISIÈME ANNÉE.

1re SÉRIE.

Ier CONCERT.

Le Dimanche 25 octobre 1863, à deux heures précises.

1. Ouverture de Prométhée, de Beethoven (1).
2. Symphonie en *ré* majeur, n° 43, d'Haydn.
   Allegro, Andante, Menuet, Finale.
3. Galante, air de danse, de Mozart (2).
4. Songe d'une nuit d'été, de Mendelssohn.
   Ouverture, Allegro appassionato, Scherzo, Andante, Marche.

2e CONCERT.

Le Dimanche 1er novembre 1863, à deux heures précises.

1. Ouverture de *Fidelio*, en *mi* majeur, de Beethoven (3).
2. Symphonie n° 53, d'Haydn.
   Introduction, Allegro, Adagio, Menuet, Finale.
3. Concerto pour violon, de Mendelssohn, exécuté par M. Sivori (4).

(1) Cette ouverture est écrite avec un feu, une maestria, admirables.

(2) L'air de danse de Mozart est d'une grâce charmante. Le public fit bisser ce morceau. — Décidément le *bis* est endémique aux concerts populaires.

(3) Plusieurs auditeurs demandèrent par un *bis* énergique une seconde exécution de cette belle ouverture, mais une opposition aussi formidable se manifesta dans le Cirque.

(4) Camillo Sivori est élève de Paganini; ses succès européens sont trop connus pour que nous essayions d'en retracer ici le nombre incalculable Disons seulement que, dans l'exécution du concerto de Mendelssohn, le grand violoniste fut superbe.

4. Larghetto du quintette (op. 108) de Mozart, exécuté par tous les instruments à cordes (1).

5. Ouverture d'Oberon, de Weber.

3e CONCERT.

Le Dimanche 8 novembre 1863, à deux heures précises.

1. Symphonie en *ré* majeur (op. 7), de Mozart (2).
Allegro, Andante, Menuet, Finale.

2. Polonaise de Struensée (le Bal et l'Arrestation), de Meyerbeer (3).
Polonaise à grand orchestre. — Agitation de la cour. — Expression de la douleur de la reine lorsque Struensée est arrêté. — Reprise de la Polonaise.

3. Ouverture de la Grotte de Fingal, de Mendelssohn.

4. Adagio du 6e quatuor (4) d'Haydn, pour tous les instruments à cordes.

5. Symphonie en *la*, de Beethoven (5).
Introduction, Allegro, Allegretto, Scherzo, Finale.

4e CONCERT.

Le Dimanche 15 novembre 1863, à deux heures précises.

1. Symphonie en *ut* (no 44), d'Haydn.
Allegro, Adagio, Menuet, Finale.

(1) Ce morceau fut bissé.
(2) L'andante, quoique bissé, ne fut pas recommencé.
(3) Il en fut de même pour la reprise de la délicieuse polonaise de Meyerbeer.
(4) Plus heureux, l'audagio d'Haydn fut bissé et répété aux applaudissements de la foule.
(5) L'andante de la symphonie de Beethoven eut le même honneur.

2. Air du ballet de Prométhée, de Beethoven : le solo de violoncelle par M. Poëncet (1).

3. Suite en *ré* majeur de J.-Sébastien Bach , né à Eisenach en 1685, mort en 1754 (2).

Ouverture, Air, Gavotte.

4. Symphonie en *la* majeur, de Mendelssohn.

Allegro, Andante, Scherzo, Saltarelle.

5e CONCERT.

Le Dimanche 22 novembre 1863, à deux heures précises.

1. Ouverture d'Iphigénie en Aulide de Gluck.
2. Symphonie pastorale de Beethoven (3).

1er *Morceau :* Exposition des sentiments à l'aspect des campagnes riantes. — 2e *Morceau :* Scène au bord du ruisseau. — 3e *Morceau :* Réunion joyeuse des campagnards ; l'Orage. — *Finale :* Sentiments de joie et de reconnaissance après l'orage.

3. Allegretto un poco agitato (op. 58), de Mendelssohn.

(1) Au Cirque, ainsi qu'au Conservatoire, ce ravissant dialogue symphonique est toujours bissé. Voici les noms des artistes qui, avec M. Poëncet, exécutèrent les solos importants de cet air de ballet :

Flûte,	M. BRUNOT.
Hautbois,	M. CASTEGNIER.
Basson ,	M. ESPAIGNET.
Harpiste,	M. DRETZEN.

(2) Cette *suite* un peu longue est d'un style tellement précipité, que l'on n'a pas le temps de s'attacher à un motif unique. Une fugue, qui fut assez goûtée, termine cette œuvre d'une forme assez étrange.

(3) Cette symphonie semble réunir tout à la fois les styles si différents des grands peintres paysagistes les plus renommés. Claude Lorrain , Ruysdaël, Salvator Rosa et Rubens ont, en quelque sorte, fourni à Beethoven leurs toiles les plus émouvantes, et par son orchestration colorée il les rappelle en les surpassant. — La scène du bord du ruisseau, l'orage sublime et le *finale* si brillant de lumière, tout conspire à faire de ce chef-d'œuvre l'une des plus colossales créations du grand compositeur.

4. Hymne, d'Haydn, par tous les instruments à cordes.

5. Invitation à la valse (orchestrée par M. Berlioz), de Weber.

6ᵉ CONCERT.

Le Dimanche 29 novembre 1863 , à deux heures précises.

1. Ouverture d'*Il Matrimonio segreto*, de Cimarosa.

2. Symphonie en *la* mineur, de Mendelssohn (1).
Introduction, Allegro agitato, Scherzo, Adagio, Allegro vivace.

3. Rigodon de Rameau, né à Dijon en 1683, mort en 1764.

4. Adagio du septuor de Beethoven, exécuté par MM. Auroux (clarinette), Espeignet (basson), Schlottmann (cor), et tous les instruments à cordes.

5. Ouverture de *Preciosa*, de Weber.

7ᵉ CONCERT.

Le Dimanche 6 décembre 1863, à deux heures précises.

1. Symphonie en *sol* mineur, de Mozart (2).
Allegro, Andante, Menuet, Finale.

2. Concerto pour violoncelle, de Molique, exécuté par M. Piatti (3).
Adagio et finale.

(1) L'*andante*, véritable légende moyen âge, d'une couleur si mysté--rieuse, fut bissé. — Du reste, à ce concert, les bis ne firent pas défaut aux exécutants, — Le *Rigodon* de Rameau et l'*adagio* du septuor de Beethoven obtinrent le même honneur.

(2) Chaque fois que cette symphonie si belle, si expressive, est exécutée, son *minuetto* est redemandé à grands cris.

(3) M. Piatti est un virtuose de la famille des Sivori et des Vieuxtemps : c'est dire assez qu'il est un grand artiste. Son jeu a de la grâce, du feu, et il joue avec une justesse admirable. — Le concerto de Molique est une composition bien faite et d'un style clair et coulant.

3. Ouverture de Geneviève, de Robert Schumann, né à Zwickau (Saxe) en 1811, mort en 1856 (1).

4. Andante du quatuor n° 50 d'Haydn, exécuté par tous les instruments à cordes.

5. Symphonie en *ut* mineur, de Beethoven.

Allegro, Andante, Scherzo, Finale.

8e CONCERT (a).

Le Dimanche 18 décembre 1862, à deux heures précises.

1. Symphonie en *ré* majeur (n° 49), d'Haydn.

Introduction, allegro, Andante, Menuet, Finale.

2. Ouverture d'Athalie, de Mendelssohn.

3. Adagio du quintette en *sol* mineur, de Mozart, par tous les instruments à cordes.

4. Symphonie en *ut* majeur, de Beethoven.

Allegro, Andante, Menuet, Finale.

(1) Si *les flots et les destins sont changeants*, on peut en dire autant des dispositions du public. Celui qui se pressait dans la vaste enceinte du Cirque Napoléon, dérogeant à ses habitudes admiratives, n'accueillit pas l'œuvre de Schumann avec tout l'intérêt que de véritables beautés avaient le droit de lui inspirer. Mais le public aura bien de la peine à se défaire de sa détestable admiration pour l'étiquette du sac. Aussi Béranger a-t il eu bien raison de dire dans une de ses chansons :

Si c'est du Mozart que l'on m'avertisse.

Et pourtant jamais l'orchestre n'avait exécuté avec autant de chaleur.

(a) C'est par ce concert, qui fut l'un des plus brillants de la saison, que nous terminerons notre rapide histoire d'une institution qui, mise à la portée de tout le monde et de toutes les fortunes, aura sur l'avenir de l'art musical en France une influence d'autant plus heureuse que c'est par l'audition des chefs-d'œuvre de toutes les grandes écoles que l'éducation musicale du peuple aura été commencée.

CHAPITRE QUATRIÈME.

Résumé général des travaux de la Société des jeunes artistes du Conservatoire au Cirque Napoléon, depuis le 27 octobre 1861 jusqu'au 20 décembre 1863.

I. — LISTE DES MORCEAUX EXÉCUTÉS.

(*N. B.* — Le chiffre placé après chaque morceau ndique le nombre de fois qu'il a été exécuté.)

§ I. — SYMPHONIES.

J. Haydn. — En *si* bémol, 4. — En *sol* (n° 52), fragment, 4. — En *ré*, 4. — En *sol*, fragment, 1. — En *si* bémol, frag., 1. — En *sol* (n° 53), frag., 1. — De la Reine, 2. — En *ré* (n° 49), 1. — En *sol*, 1. — En *mi* bémol, 3. — En *ut* majeur, 1. — En *ut* (n° 44), 1. — Militaire, 2. — Symphonie n° 42, 1. — Adagio (n° 44), 1. — Andante et finale, 1. — Andante (n° 49), 1, et finale de l'*Ours*, 1. — Finale (n° 42), 1. — Andante et finale, 1. — Total : 33 exécutions.

Mozart. — En *si* bémol, 1. — En *sol* mineur, 4. — Jupiter, 3. — *Ré* majeur, 2. — *Mi* bémol, 1. — Minuetto de la symphonie en *si* bémol, 1. — Marche turque, orchestrée par M. P. Pascal 2. — Total : 13 exécutions.

L. V. Beethoven. — En *ut* majeur, 4. — En *ut* mineur, 8. — En *ré* majeur, 4. — En *mi* bémol (héroïque), 1. — En *fa*, 2. — En *la*, 6. — En *si* bémol, 1. — En *ré* mineur (9me avec chœurs), 1 — Pastorale, 6. — Allegretto scherzando de la symphonie en *fa*, 1. — Andante de la symphonie en *la*, 1. — Marche turque, 3. — Total : 33 exécutions.

F. Mendelssohn. — En *la* majeur, 4. — En *la* mineur, 5. — Fragment (op. 52), 1. — Andante religioso, 1. — Allegro agitato, 2. — Total : 13 exécutions.

R. Schumann. — En *mi* bémol, 1.

Ch. Gounod. — Fragment de la symphonie en *mi* bémol, 1.

Th. Gouvy. — En *fa*, 1.

Bizet. — Scherzo d'une symphonie inédite, 1.

§ II. — OUVERTURES.

Séb. Bach. — Ouverture et suite en *ré*, 1.

Gluck. — Iphigénie en Aulide, 3.

Mozart. — Flûte enchantée, 2. — Don Juan, 1. — Noces de Figaro, 2. — Total : 5 exécutions.

Cimarosa. — Matrimonio Segreto, 2.

C. M. de Weber. — Oberon, 5. — Eurianthe, 4. — Preciosa, 2. — Des Génies, 2. — Freyschütz, 5. — Jubel, 2. — Total : 20 exécutions.

L. V. Beethoven. — Prométhée, 1. — Fidelio (en *mi* majeur), 3. — Comte d'Egmont, 5. — Coriolan, 2. — Total : 11 exécutions.

Méhul. — Jeune Henri, 3.

L. Chérubini. — Lodoïska, 1. — Médée, 2. — Hôtellerie portugaise, 1. — Total : 4 exécutions.

F. Hérold. — Zampa, 1.

F. Mendelssohn. — Grotte de Fingal, 3. — Ruy-Blas, 3. — Songe d'une nuit d'été, 4. — Total : 10 exécutions.

Rossini. — Guillaume Tell, 4. — Sémiramis, 3. — Total : 7 exécutions.

H. Berlioz. — Carnaval romain, 1.

G. Meyerbeer. — Struensée, 1.

Auber. — La Muette, 1.

R. Schumann. — Geneviève, 2.

§ III. — Musique de chambre

*Exécutée aux Concerts par tous les instrumentistes à cordes de l'orchestre
et par quelques instrumentistes à vent, pour le septuor de Beethoven.*

Quatuors.

J. Haydn. — Adagio du quatuor n° 6, 3. — Hymne autrichien varié, 6. — Andante du quatuor n° 50, 5. — Adagio en *mi* mineur, 2. — Total : 16 exécutions.

L. V. Beethoven. — Adagio du quatuor n° 9, 1. —Fugue, du quatuor n° 10, 1.

Quintettes.

Mozart. — N° 108, *si* bémol, 1. — Larghetto, 2. — Adagio, 2. — Larghetto, 1. — Andante du quintette en *sol* mineur, 1. — Total : 7 exécutions.

Septuor.

L. V. Beethoven. — En *mi* bémol, 5. — Fragments du septuor en *mi* bémol, 2. — Adagio, id. 3. — Total : 10 exécutions.

§ IV. — Morceaux pour instruments a cordes et a vent.

Extraits d'opéras, de ballets, etc.

S. Bach. — Gavotte, 2. — Prélude arrangé par M. Ch. Gounod, 1.

Mozart. — Galante, 3. — Sérénade pour instruments à vent, 1.

Rameau. — Rigodon de Dardanus, 2.

L. V. Beethoven. — Prométhée, ballet, 6.

C. M. de Weber. — L'Invitation à la valse, orchestrée par M. Hector Berlioz, 4.

§ V. — Concertos pour pianos.

L. V. Beethoven, 1. — Mendelssohn, 1. — C. M. de Weber. — Concert-Stuck, 1.

POUR VIOLON.

L. V. Beethoven, 1. — *F. Mendelssohn*, 3. — Viotti, 1. — Kreutzer, 1. — Vieuxtemps, 1.

POUR VIOLONCELLE.

Molique, 1.

§ VI. — Compositions instrumentales a grand orchestre.

L. V. Beethoven. — Comte d'Egmont, tragédie, 3.
Mendelssohn. — Le Songe d'une nuit d'été, 1.
G. Meyerbeer. — Entr'acte et polonaise de Struensée, drame, 3.

§ VII. — Musique vocale.

Extraits d'opéras, d'oratorios et de musique sacrée.

Mozart. — Requiem, 2.
J. Haydn. — L'une des sept paroles de J.-C, 1.
L. V. Beethoven. — Ruines d'Athènes, 2. — Marche et chœur idem, 1.
Stradella. — Aria di chiesa, 2.
Séb. Bach. — Prélude, chœur et orchestre, arrangé par Ch. Gounod, 1.
Hœndel. — Chœur de Salomon, 2.
Alleluia, grand chœur. — Chœur de Judas Macchabée. 1. — Air d'Alcine, opéra, 1.

G. Rossini. — *Stabat*, 1. — Air du Comte Ory, 1. — La Charité, chœur, 1. — Duo de Guillaume Tell, 1. — Air du Barbier de Séville, 1.

Inconnu. — *Ave maria* du XVIe siècle, 1.

Auber. — *O salutaris*, 1.

R. Wagner. — Marche et chœur du Tannhauser, 1.

Gounod. — *Sanctus*, ténor solo et chœur, 1.

Donizetti. — Duo de la Favorite, 1.

Verdi. — Sicilienne des Vêpres Siciliennes, 1.

Mendelssohn. — Elie, oratorio, 2.

II. LISTE DES EXÉCUTANTS.

§ I. — INSTRUMENTISTES SOLOS.

(*N. B.* — Le chiffre qui suit chaque nom indique combien de fois l'artiste a exécuté, et le chiffre qui finit indique celui de la page du volume où se trouve le programme où l'artiste a figuré.)

Violonistes.

Alard, 2 (pages 30, 52). — Becker, 1 (page 70). — Lancien, 4 (pages 35, 62, 67, 68). — H. Vieuxtemps, 3 (pages 58, 59, 60). — Willaume, 1 (page 38). — Sivori, 2 (pages 52, 74).

Violoncellistes.

Léon Jacquard, 3 (pages 30, 31, 42).

Poëncet, 7. — Solos de Guillaume Tell et de Prométhée, 6 (pages 45, 60, 63, 65, 70, 70, 76).

Piatti (page 77).

Pianistes.

Jaëll, 1 (page 5). — Lubeck, 1 (page 31). — Madame Marie Pleyel, 1 (page 62).

Harpistes.

M. Dretzen (Prométhée), 6 (pages 45, 60, 63, 65, 70, 76).

Flûtistes.

Brunot, 5 (pages 31, 34, 42, 63, 70).

Hautbois et Cor anglais.

Casteigner, 5 (pages 31, 42, 63, 66, 70). — Blanvillain, 1 (page 66).

Clarinettistes.

Auroux, 15 (pages 31, 33, 34, 36, 37, 45, 45, 52, 55, 56, 58, 63, 66, 68, 77). — Grisez, 2 (page 66).

Cornistes.

Mohr, 3 (pages 32, 36, 52). — Schlottmann, 1 (page 77). — Paquis, 8 (pages 31, 37, 45, 56, 58, 64, 66, 68). — Bonnefoy, 1 (page 66).

Bassonistes.

Espeignet, 11 (pages 31, 36, 37, 45, 52, 56, 58, 64, 66, 68, 77). — Dihau, 1 (page 66).

§ II. — CHANTEURS SOLISTES.

Sopranos.

Mmes Viardot, 4 (pages 47, 50, 71, 72). — Trebelli, 1 (page 51). — Gassier, 1 (page 70). — Bramer, 2 (pages 47, 50).

Mezzo-sopranos.

Mmes Nantié-Didier, 2 (pages 69, 70). — Orwil, 2 (page 47, 50). — Simon, 1 (page 71). — Sax, 1 (page 51).

Ténors.

Michot, 2 (pages 47, 50). — Gueymard, 1 (page 52). —

Capoul, 1 (page 71). — Peschard, 1 (page 51). — Colomb, 1 page 70).

Basses.

Cazaux, 4 (pages 47, 50, 51, 52). — Bussine, 1 (page 71).

Tel est le bilan exact de toutes les différentes exécutions musicales qui ont eu lieu depuis la fondation des Concerts populaires jusqu'à ce jour.

M. J. Pasdeloup a dirigé l'orchestre soixante fois ; et, dans les exécutions extraordinaires, les chœurs ont été placés sous la direction de M. Ed. Batiste, le chef des chœurs de la *Société des jeunes artistes* à l'époque où elle donnait ses intéressantes séances à la salle Herz.

Neuf cantatrices et six chanteurs se sont fait entendre dans les concerts spirituels et extraordinaires.

Cinq violonistes, dont deux attachés à l'orchestre, ont exécuté des concertos, des fragments de ce genre, et même, l'un d'eux, un solo écrit par Haydn, dans une de ses symphonies.

Deux violoncellistes étrangers à l'orchestre des Concerts s'y sont fait applaudir. — Les solos si remarquables de l'ouverture de *Guillaume Tell* et du ballet de *Prométhée* ont été exécutés par l'élite des artistes de la Société. Un corniste étranger s'est produit plusieurs fois avec succès. Quant aux virtuoses flûtistes, hautboïstes, clarinettistes, bassonistes et cornistes, c'est dans le sein de l'orchestre du Cirque qu'ils ont été recrutés à la grande satisfaction du public.

Enfin, cet orchestre qui, dans l'origine, comptait, ainsi que nous l'avons dit, parmi ses plus ardents exécutants, quelques jeunes enfants, les a vus grandir en âge et en talent, grâce à la féconde présence d'un public enthousiaste; et, maintenant, le chef et les soldats de cette armée si bien disciplinée n'ont qu'une pensée commune, l'étude du beau ; qu'un désir, celui de populariser les chefs-d'œuvre des grands maîtres de toutes les écoles, et, disons-le avec une conviction partagée par tous ceux qui, depuis dix ans, les suivent avec un intérêt égal au nôtre, ils sont en voie de progrès, et plus ils exécuteront dans ce Cirque si peu favorable à l'effet acoustique, plus ils parviendront à modifier ce qu'il y a encore de trop jeune, de trop vert (qu'on nous passe le mot en faveur de l'intention), dans leur exécution.

Alors la jeune société, tout en restant dans la route classique que son chef a ouverte, l'aidera à découvrir de nouveaux horizons en mettant en lumière bien des talents encore ignorés. Et les amis du progrès n'auront alors que des actions de grâces à rendre au fondateur et à ses dévoués et zélés compagnons.

CONCLUSION.

On est saisi d'étonnement en voyant tout
ce qui a été accompli en moins de trois ans
par la volonté d'un seul homme convaincu et
soutenu par les encouragements que le public, les artistes et les membres les plus ac-
crédités de la presse n'ont cessé de donner à
sa noble et intelligente entreprise. Essayant
d'abord ses forces sur une scène élégante
sans doute, mais moins vaste, la *Société des
jeunes artistes du Conservatoire* a fait un long
et fructueux apprentissage de l'art de donner
aux œuvres des plus grands maîtres le style
qui est le cachet de leur génie individuel.

Après des jours néfastes pécuniairement
parlant, sont venus les jours tout à la fois
glorieux et productifs, et depuis un an surtout ce jeune orchestre a atteint une perfection relative qui, tout le fait espérer, ne
pourra que grandir encore.

Déjà, nous l'avons dit plus haut, M. J. Pasdeloup a trouvé une combinaison qui lui
permettra de donner au moins quatre festivals chaque année, et cinq cents excellents
chanteurs et instrumentistes prendront part
à ces exhibitions brillantes, par lesquelles
il nous sera donné d'entendre les grandes
œuvres chorales de Bach, d'Haydn, de Mozart et de Hændel, ce maître trop peu connu
en France, et dont un éditeur intelligent sur-
veille avec soin la traduction des opéras et
des oratorios. La collection qu'il prépare,
étant destinée aux festivals du Cirque, sera
nécessairement mise à la portée de toutes les
fortunes.

Heureux d'avoir constaté les loyaux triom-

phes des concerts populaires, nous terminerons en faisant des vœux pour que la *Société
des jeunes artistes*, à l'exemple de son chef,
n'oublie jamais que *succès*, comme *noblesse*,
oblige; et nous suivrons ses travaux avec
d'autant plus d'intérêt que nous nous pro-
posons de les enregistrer chaque année avec
autant de soin que de conscience.

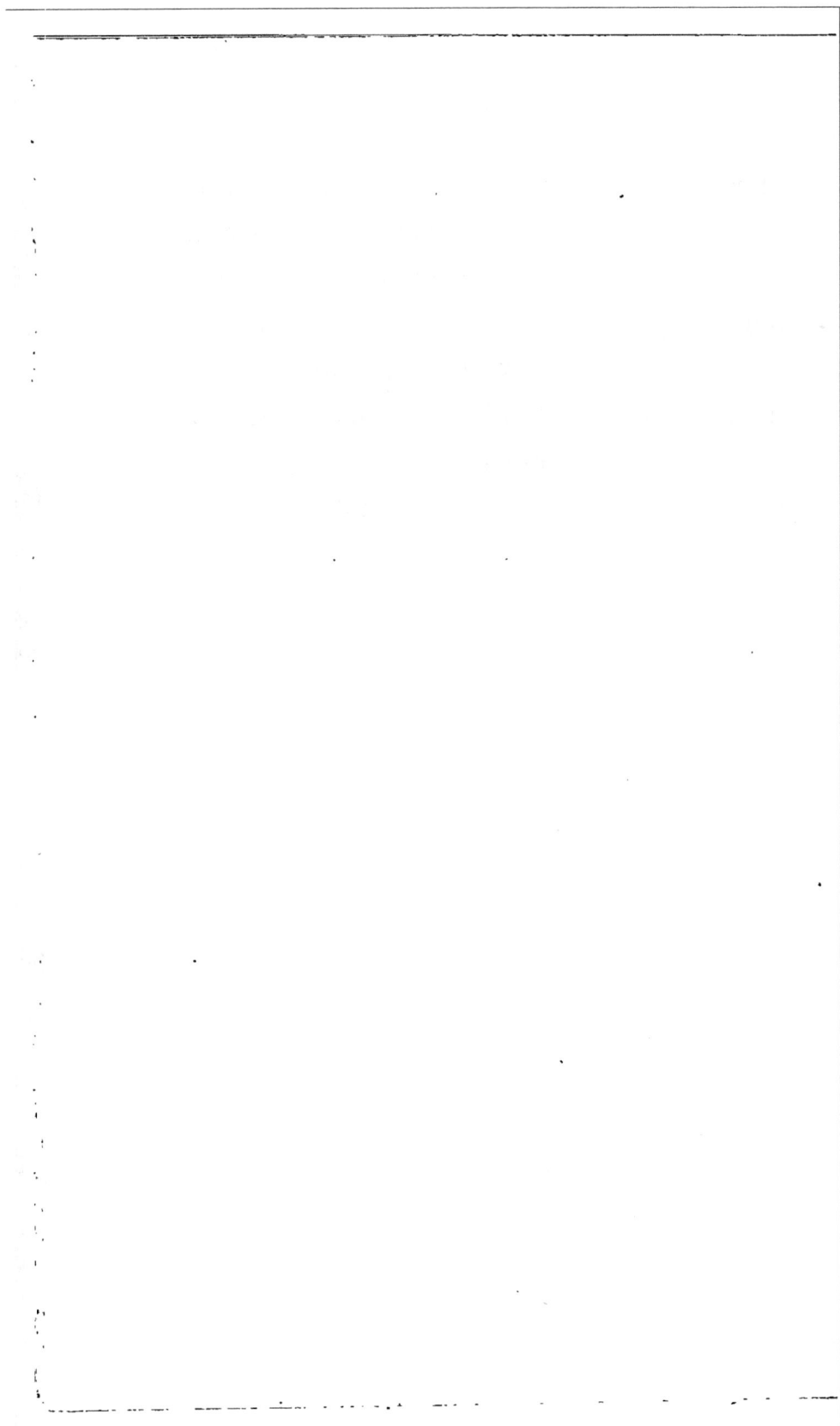

CHAPITRE CINQUIÈME.

Esquisses sur la vie et les œuvres des compositeurs célèbres dont les productions forment le répertoire des Concerts populaires de musique classique.

§ Ier.

JOSEPH HAYDN.

Le créateur de la symphonie, Joseph Haydn, comme la plupart des artistes qui

Ne doivent qu'à eux seuls toute leur renommée (1),

naquit au sein d'une famille d'humbles artisans. Son père était charron, mais il avait un grand amour pour la musique et jouait de la harpe, ce qui est assez surprenant de la part d'un homme maniant par état le lourd instrument des antiques cyclopes. Ce grand compositeur naquit le 3 mars 1732 à Rohrau, en Hongrie. Dès qu'il put se tenir sur ses pieds, son père lui mit un violon à la main : il apprit à la fois à lire l'allemand et à lire la musique. Il possédait une charmante voix de soprano, et était déjà assez bon musicien à l'âge de sept ans, ce qui le fit admettre à la maîtrise de l'église Saint-Étienne à Vienne. Il y fit d'excellentes études musicales, et sa voix produisait tant

(1) Corneille, Epître en vers.

d'effet sur les fidèles, qu'un maître de chapelle barbare eut l'infamie de conseiller au père d'Haydn de lui imposer le supplice d'Origène. Une grave maladie de l'enfant sauva sa virilité à venir, et, grâce à cette heureuse circonstance, l'art musical n'eut pas à déplorer la perte de l'un des plus illustres maîtres des temps modernes.

Haydn, livré à lui-même après sa sortie de la maîtrise de Saint-Etienne, éprouva toutes les horreurs de la plus profonde misère. Il jouait du violon, touchait très-bien du clavecin et de l'orgue, et possédait un ténor assez agréable. Ces différents talents l'aidèrent à traverser tant bien que mal les plus mauvais jours. Le matin, il chantait sa partie dans le chœur d'une église; à midi, il allait jouer du violon dans quelques redoutes où un orchestre borgne charmait les buveurs de bière, et le soir il tenait le clavecin chez des amateurs où on lui donnait quelques pièces de menue monnaie et un souper frugal par-dessus le marché. Il était très-affable et très-religieux ; ce qui lui valut l'amitié d'un honnête perruquier, dans la maison duquel il occupait une mansarde. Cet excellent homme, qui était veuf et avait une fille d'une quinzaine d'années, lui rendait toute espèce de services : le matin il le poudrait, et souvent il l'admettait à sa table.

Haydn, qui faisait souvent sa partie dans les espèces de quatuor informes de Charles Stamitz, le créateur du genre, essaya d'en composer un ; il avait à peine dix-huit ans. Ce quatuor, son œuvre première dans ce genre, est écrit en *si* bémol majeur; le premier morceau est à 6/8 et allegro. On trouva que le minuetto avait de l'originalité, et que dans l'andante le jeune compositeur avait prouvé de la sensibilité. Grâce encore au Mécène poudreux d'Haydn, ce quatuor, qui fut bientôt suivi de deux autres, dont chaque morceau attestait un progrès immense, fut vendu à un éditeur de Vienne qui était l'ami d'un de ses clients.

La glace était brisée; à partir de la publication des trois quatuors, Haydn commença espérer que sa position allait s'améliorer. Il avait vendu deux thalers ses premiers essais de jeune homme; bientôt il fut recherché, et, dans sa joie reconnaissante, il proposa à son bienfaiteur d'épouser sa fille. Il avait alors vingt ans! — Bon et candide, il n'eut pas plutôt enchaîné sa liberté qu'il perdit le bonheur intérieur. Sa femme, dont l'âme était basse et les instincts rapaces, lui fit endurer pendant plus de quarante ans les tortures morales les plus affreuses. Elle le poussait au travail avec une fureur égale à celle qui animait la femme du peintre Paul Potter et le conduisit au tombeau à l'âge de 29 ans. Plus heureux que lui, Haydn survécut à tant d'épreuves, mais il avait perdu la joie du foyer et concentra toutes ses affection dans son art.

Une circonstance heureuse le fit connaître du prince Esterhazy, et ce digne seigneur lui offrit la place de directeur de sa musique. C'était lui donner plus que la fortune; c'était ouvrir son âme aux joies les plus pures que puisse ressentir un compositeur aussi fécond qu'il l'était. Il avait sous ses ordres un petit, mais excellent orchestre, et c'est à cela que nous devons sa collection si nombreuse de quatuors et de symphonies.

Depuis la joyeuse valse jusqu'à l'oratorio biblique, Haydn a tout traité avec une grande supériorité. Sa musique d'église est nombreuse et d'un caractère presque constamment digne du sanctuaire. Ses sonates de piano, dans les premières desquelles il prit pour modèle le célèbre Emmanuel Bach, qu'il surpassa bientôt, sont encore entre les mains de tous les artistes. Quant à ses quatuors, ils ont contribué à donner au monde musical ceux de Mozart, qui l'appelait son père et son maître. Ses symphonies ont eu la même action et sur Mozart et sur Beethoven; et enfin ses oratorios de la *Création* et des *Saisons*, écrits à l'époque de sa vieillesse, seront toujours l'objet des études et de l'admiration des compositeurs véritablement dignes de porter ce titre trop généralement usurpé.

La position d'Haydn chez le prince Esterhazy était médiocre, pécuniairement parlant. Deux voyages qu'il fit en Angleterre, en 1776 et en 1794, lui firent réaliser une modeste fortune. A son retour à Vienne (il avait alors 62 ans), il acheta une petite maison, avec un jardin, aux portes de la ville; et c'est là que, comme le sage dont parle Horace, il vécut heureux et produisit ses deux derniers chefs-d'œuvre, la *Création* et les *Saisons*. — Lors de l'occupation de la ville de Vienne par les Français, en 1806, la maison d'Haydn fut le but d'un saint pèlerinage pour les musiciens de notre armée victorieuse.

Haydn entretenait une correspondance avec les artistes distingués de son époque. Parmi ceux-ci,

Louis Boccherini, si justement célèbre par ses quatuors et surtout par ses quintettes, fut particulièrement aimé de lui (1).

Haydn ne passa pas un jour de sa longue carrière sans composer. — Il avait, ainsi que Buffon, des manies qui n'étaient pas sans rapport avec le caractère généralement très-pur et très-classique de son style. Comme l'auteur de l'immortel *Discours sur le style*, il n'écrivait que poudré, avec manchettes, jabot, et l'épée au côté; l'annulaire de sa main droite était orné d'une bague en brillants que lui avait donnée son protecteur, le prince Esterhazy. Ses manuscrits sont d'une netteté qui étonne: pas de ratures, de retouches; il pensait, puis il écrivait comme sous la dictée de la Muse. Vers les derniers mois de sa vie, il éprouva de grandes

---

(1) A l'époque de la grande vogue des quintettes de Louis Boccherini, l'engouement des amateurs parisiens fut si exagéré que tous d'une voix ils le proclamèrent la *femme* d'Haydn, à cause de la douceur toute féminine de son style. Venise avait encore alors son doge qui tous les ans, du pont du *Bucentaure*, épousait solennellement la mer Adriatique en jetant dans ses flots un anneau au nom de la République sérénissime. Cette circonstance, et celle du ridicule accouplement de deux génies si différents l'un de l'autre, excitèrent la verve satirique d'un collaborateur anonyme de l'*Almanach des Muses*, et il y inséra l'épigramme suivante :

> D'Haydn Louis est la *femme;*
> Ils sont unis: ah! quel bonheur!
> Ce mariage, sur mon âme,
> A Boccherini fait honneur.
> Par cette union drôlatique
> Haydn est *Doge* de l'art,
> Louis est son *Adriatique;*
> Mais l'*anneau* du dieu symphonique
> Brille au doigt du divin Mozart.

faiblesses qui l'obligèrent à déposer la plume. Sa mémoire s'obscurcit, et ce fut le 29 mai 1809 qu'il s'éteignit sans souffrance. — Son frère Michel, Ignace Pleyel et Sigismond Neukomm furent ses plus brillants élèves.

CATALOGUE DES OUVRAGES D'HAYDN.

RÉDIGÉ PAR LUI-MÊME LE 4 DÉCEMBRE 1804.

Cent dix-huit symphonies.
Cent vingt-cinq divertissements pour le baryton (1), l'alto et le violon.
Six duos pour le baryton principal.
Douze sonates pour baryton et violoncelle.

(1) Le *baryton* (Viola Bardone) était un instrument de basse qui avait un son agréable. — Il était monté de sept cordes à boyau que l'on touchait avec un archet. — Au-dessous du chevalet se trouvaient seize à vingt cordes d'acier fixées à des chevilles de cuivre et que l'on accordait avec une clef comme celles de harpe. Le manche ne touchait pas immédiatement aux cordes comme dans les autres instruments de la même famille ; il en était à une certaine distance, qui permettait au pouce gauche d'appuyer en même temps sur les cordes d'acier. Au côté droit supérieur du couvercle se trouvaient encore quelques cordes métalliques de luth, que l'on pinçait avec le petit doigt de la main droite lorsqu'il conduisait en même temps l'archet. Ces cordes étaient destinées à produire un écho. Cet instrument était extrêmement difficile à jouer, à cause de ses sept cordes, dont voici les noms : *mi* (aigu), *si, fa, ré, la, mi, si* (grave).

(Extrait du *Traité d'instrumentation* de Georges Kastner, de l'Institut ; un volume in-folio de 64 planches. — Cet ouvrage, approuvé en 1836 par l'Académie des beaux-arts, se trouve, à Paris, chez Prilipp, éditeur de musique.)

Dix-sept nocturnes pour baryton.

Vingt divertissements pour divers instruments, depuis cinq jusqu'à neuf parties.

Trois marches.

Vingt et un trios, pour deux violons altos et basse.

Trois trios pour deux flûtes et un violoncelle.

Six sonates de violon, avec accompagnement d'alto.

Trois concertos de violon.

Trois concertos de violoncelle.

Un concerto de contre-basse.

Deux concertos de cor.

Un concerto de trompette.

Un concerto de flûte.

Un concerto d'orgue.

Trois concertos de clavecin.

Quinze messes, quatre offertoires.

Un *Salve Regina* à quatre voix.

Un *Salve* pour orgue seul; une cantilène pour la messe de minuit.

Quatre *Responsario de venerabili*.

Un *Te Deum :* trois chœurs.

Quatre-vingt-trois quatuors (le quatre-vingt-quatrième est incomplet, et c'est le seul qu'Haydn ait écrit en *la* mineur).

Soixante-six sonates de piano.

Quarante-deux *duetti* italiens, chansons allemandes et anglaises.

Quarante canons.

Treize chants à trois et quatre voix.

Cinq oratorios, le Retour de Tobie, *Stabat mater*, les dernières paroles de Jésus-Christ sur la Croix.

La Création, les Saisons (ces deux dernières sont improprement appelées *oratorios*, ce sont plutôt des cantates).

Quatorze opéras italiens, entre autres l'Armida.

Cinq opéras pour les marionnettes allemandes.

Enfin, trois cent soixante-six romances écossaises, ori-

9

ginales et allemandes, et valses; plus de quatre cents mc-
nuets.

Joseph Haydn avait un frère cadet, nommé Michel, qui eut un grand talent de contrepointiste,
composa d'exellente musique d'église, des quatuors pour instruments à cordes et des symphonies qui n'eurent pas les succès populaires de celles
de Joseph. Michel Haydn mourut maître de *chapelle*
à Salzbourg, le 8 août 1806.

§ 2.

MOZART.

Plus heureux qu'Haydn, Mozart eut pour père un artiste de talent, qui mit tous ses soins à cultiver les merveilleuses dispositions du sujet prédestiné que le Ciel lui avait donné. — Ce fut à Salzbourg, le 27 janvier 1756, que naquit Wolfgang Amédée Mozart.

A l'âge de cinq ans il lisait la musique à livre ouvert, et à sept ans il composa son premier œuvre de deux sonates pour piano, dont son père, excellent harmoniste, corrigea quelques petites fautes de style. Ce fut en France que cet événement extraordinaire s'accomplit.

Mozart vint pour la première fois à Paris en 1763, accompagné de son père et de sa sœur aînée, âgée de onze ans et déjà très-bonne claveciniste. Ils furent reçus par la cour de Versailles avec enthousiasme. — Grimm, dans sa célèbre correspondance, parle du *petit* Mozart avec une admiration sincère. — Carmontel, qui était tout à la fois auteur de charmants proverbes et d'aquarelles très-finement touchées, a fait un dessin, reproduit par la gravure, représentant la famille Mozart, dont les deux enfants prodiges sont assis devant un clavecin, tandis que leur père, le violon à la main, semble diriger leur exécution musicale.

En 1764 ils allèrent en Angleterre, où leurs succès furent immenses. Mozart venait d'atteindre sa huitième année, et il exécutait tout ce que Bach et Hændel avaient écrit de plus difficile pour l'orgue avec une perfection qui tenait du prodige. — L'agitation des voyages excitait la verve de cet enfant phénoménal. — Il composa à Londres six nouvelles sonates que son père fit graver, et qu'il dédia à la reine d'Angleterre.

Après être repassée en France, la famille Mozart alla en Hollande. Ce fut à La Haye qu'il composa un morceau à grand orchestre à l'occasion de l'installation du prince d'Orange. De si précoces succès n'eurent aucune influence fâcheuse sur l'esprit d'un sujet aussi bien doué, et, de retour à Salzbourg, en 1766, Mozart se livra avec beaucoup de persévérance à l'étude sérieuse de l'art d'écrire. Emmanuel Bach, l'inventeur de la sonate, et Hændel, furent ses modèles favoris, ainsi que les vieux maîtres d'Italie.

En 1768, le frère et la sœur jouèrent à la cour de Vienne, et Mozart composa une messe et un motet qu'il dirigea lui-même devant l'Empereur. Il n'avait alors que douze ans !

En 1769, Mozart et son père partirent seuls pour Milan. Ses succès en Italie furent encore plus éclatants qu'en France et en Allemagne. — Il fut accueilli comme un fils par le savant père Martini, qui, après l'avoir entendu, s'écria, les yeux pleins de larmes de joie, comme le pontife Siméon : — *Nunc dimittis !* Mozart remplit en une demi-heure les conditions imposées aux compositeurs qui désiraient être nommés membres de la célèbre Société philharmonique de Bologne : c'est-à-dire qu'il écrivit un *canto fermo* comme en se jouant.

Sa mémoire était si extraordinaire, qu'après une seule audition, à Rome, du fameux *Miserere* d'Allegri, il l'écrivit presque sans faute.

Mais ce grand homme, qui semblait pressentir que ses jours étaient comptés, avait hâte d'écrire un opéra. — Ce fut à Milan, le 26 décembre 1770, qu'il donna son *Mitridate*, opéra sérieux qui obtint un grand succès; en 1773, qu'il donna dans la même ville *Lucio Silla*. Déjà, en 1771, il y avait écrit l'*Ascanio in Alba*, et en 1772, *Il Sogno di Scipione*, exécuté à Salzbourg à l'occasion de l'élection du prince archevêque. A l'âge de dix-neuf ans il était célèbre dans toute l'Europe. — En 1777 il vint une troisième fois à Paris, avec sa mère, qu'il eut la douleur d'y perdre. — Il donna au concert spirituel sa *symphonie* en *mi bémol* et quelques autres morceaux d'orchestre; — mais il n'osa pas aborder l'opéra français, à cause du détestable système de chant qui était alors suivi à l'Académie royale de musique. — D'ailleurs, la mort d'une mère adorée lui avait rendu odieux le séjour de Paris. — Appelé à Munich par l'électeur de Bavière, Mozart composa son opéra d'*Idomeneo*, et le jour de la première représentation de ce chef-d'œuvre il atteignit ses vingt-cinq ans. — Son père, accouru sans le prévenir pour assister à la première représentation, se tint caché dans le fond d'une loge obscure, et de douces larmes humectèrent plus d'une fois le yeux du vénérable vieillard. — L'amour que Mozart avait conçu pour la jeune femme qu'il épousa vers cette époque sembla doubler son génie.

Il fut ensuite attaché au service de l'empereur

6.

d'Allemagne, et malgré les offres les plus brillantes il lui resta fidèle jusqu'à sa mort prématurée.

L'*Enlèvement au sérail* fut représenté en 1782. — En 1787, il donna à Prague ses *Nozze di Figaro*, dont le sujet faisait tourner toutes les têtes en Europe. — Ce chef-d'œuvre fut bientôt suivi de l'immortel *Don Giovanni*, dont le succès pourtant ne fut pas aussi général. Haydn, ayant été consulté sur le mérite de cet ouvrage, déclara que Mozart était le plus grand compositeur qui existât en ce moment. Mozart, qui appelait Haydn son père et son maître, lui dédia sa plus belle œuvre de *quatuors* pour instruments à cordes. C'était, disait-il, faire remonter ce genre de composition vers sa source, que de dédier ses *quatuors* à celui qui lui avait appris à les écrire.

Mozart, qui avait eu deux enfants de son mariage avec Mlle Weber, mourut le 5 décembre 1792, avant d'avoir atteint sa trente-sixième année !

Les quelques mois qui précédèrent sa mort si désastreuse furent employés par Mozart avec une espèce de fièvre de production qui effraye la pensée.

Pendant ce temps si court, il composa l'opéra de *La Flûte enchantée*, *La Clémence de Titus*, et une grande partie du célèbre *Requiem*.

Cette composition lui avait été demandée par un personnage mystérieux, et son imagination ardente en fut vivement impressionnée. Quelques heures avant d'expirer, il se fit apporter le manuscrit du *Requiem*, que sa femme éplorée lui avait retiré par ordre de médecin, et, les larmes aux yeux, il s'écria : *N'avais-je pas raison de dire que c'était pour moi que je composais ce* Requiem ?

Mozart n'était pas qu'un grand musicien, — c'était un homme bon, aimable, spirituel et très-instruit. Il parlait cinq langues vivantes. La lecture de la collection de ses lettres, traduites et publiées à Paris en 1858 par M. l'abbé Goschler, ne saurait être trop recommandée à tous ceux qui désirent connaître ce grand homme. Il s'y peint d'après nature et avec toute la naïveté de la plus charmante franchise. Voici les principaux ouvrages que Mozart a composés. Il a laissé neuf opéras italiens :

La *Finta simplice*, opera buffa ;
Mitridate, opera seria ;
Lucio Silla, idem ;
La *Giardiniera*, opera buffa ;
Idomeneo, opera seria ;
Le *Nozze di Figaro*, opera buffa ;
Don Giovanni, idem ;
Cosi fan tulte, opera buffa ;
La *Clemenza di Tito*, opera seria ;
Et trois opéras sur paroles allemandes : l'*Enlèvement au Sérail*, le *Directeur de spectacles*, et la *Flûte enchantée*.

Ce génie fécond produisit encore dix-sept symphonies, des cantates, des scènes détachées, des romances et des chansons allemandes, des canons, des airs, des ballets de tous genres, des sérénades pour instruments à vent, vingt concertos de piano, et enfin des messes et plusieurs motets.

Ses *quatuors* pour instruments à cordes et ses *quintettes* sont, de l'avis de tout le monde, ses plus beaux titres peut-être à l'admiration de la postérité ; et bien longtemps ils feront le désespoir des artistes qui osent aborder ce genre, qui est à la symphonie ce que le poëme épique est à la tragédie shakespearienne.

Ses sonates, avec ou sans accompagnement, sont devenues le bréviaire de tout pianiste fervent. Un grand nombre d'éditions en ont été faites, et tout récemmment on a publié en Allemagne un admirable catalogue thématique des œuvres de ce grand homme.

Ce livre, car c'en est un, est un véritable monument élevé à la gloire du plus fécond des musiciens qui aient jamais charmé et étonné le monde.

Mozart, dont la biographie a été tant de fois publiée, a traité tous les genres de musique, et sa mémoire vivra dans la postérité, entourée de l'auréole lumineuse qui brille au front des Virgile, des Dante et des Raphael.

§ 3.

LOUIS VAN BEETHOVEN.

De même que Mozart, Beethoven naquit dans une famille dont le chef était un musicien de talent. Son père était ténor et attaché à la chapelle de l'électeur de Cologne. Louis Van Beethoven, dont la famille était d'origine hollandaise, naquit le 17 novembre 1770 à Bonn, sur les bords du Rhin. Dès sa plus tendre enfance il étudia la musique, et ce fut le professeur Pfeiffer qui lui enseigna le piano. Ses progrès furent si rapides qu'à l'âge de quinze ans, en 1785, il partagea avec Nief la place d'organiste de la chapelle électorale. Il fut si remarqué dans ses nouvelles fonctions, que l'électeur le nomma pianiste-accompagnateur de ses soirées musicales. Haydn, qui accueillait avec une bonté toute paternelle les jeunes artistes qui lui étaient présentés, prédit à Beethoven un bel avenir ; il fut même si satisfait des dispositions qu'il montrait dans une cantate, son premier coup d'essai, qu'il l'engagea à travailler sérieusement la composition. Afin de devenir un grand pianiste, il prit des leçons de Herkel et reçut des conseils d'Haydn lui-même ; mais le système trop correct ce grand homme ne pouvait convenir à sa nature fougueuse, et pour approfondir les secrets du contrepoint, sans lesquels on ne peut prétendre à devenir un compositeur, il travailla avec le savant théoricien Albrechtsberger, le Fétis de son époque. Ce ne fut qu'en 1793 que Beethoven alla s'établir à Vienne (Autriche). Le séjour de cette capitale lui fut si agréable, qu'il y passa sa vie tout entière.

Vers l'âge de trente ans, Beethoven commença à ressentir les premières atteintes de la surdité qui fit le malheur de sa vie. Est-il rien, en effet, de plus affreux pour un musicien que de perdre l'ouïe? Tantale sublime, Beethoven supporta son infortune avec résignation ; son esprit vif, sa foi dans l'avenir, tout lui donnait l'espoir que la science médicale conjurerait le malheur dont il n'était encore accablé qu'imparfaitement. Mais, malgré tous les efforts des plus habiles médecins, il perdit bientôt toute espérance ; son état de santé réagit sur son caractère, et, d'aimable et enjoué qu'il était, il devint inquiet et misanthrope. Lorsque l'on écoute les productions de ce grand compositeur, on est émerveillé en songeant que sa pensée seule ait été juge des effets puissants qu'il a su créer en si grand nombre.

Comme tous les maîtres que la nature n'a pas créés, du premier coup, les premiers dans leur art, Beethoven a modifié trois fois son style. D'abord admirateur fervent d'Haydn et de Mozart, il a écrit ses premières compositions dans le style de ces grands modèles ; et même on raconte que dans les derniers temps de sa vie il regrettait beaucoup d'avoir livré à la publicité plusieurs de ses productions qui, malgré quelque affinité avec celles de Mozart, font encore de nos jours le charme des con-

certs de musique de chambre (1). La seconde
transformation de son style date de la 3e symphonie. Dès ce moment, Beethoven put s'écrier :
« *Anch'io son pittor !* » et depuis cette époque glorieuse
de sa vie d'artiste il ne marcha que de chef-d'œuvre en chef-d'œuvre. Le troisième style se révèle
dans la symphonie avec chœurs, et le dernier mot
de ce génie sublime, devenu complétement sourd,
a été dit par lui dans ses fameux quatuors, qui, par
leurs dimensions et la tournure toute mystique de
la mélodie, produisent un effet d'une nature tout
opposée à celui de ses compositions antérieures du
même genre.

Beethoven ne fut pas gâté par les faveurs de la
fortune. Il n'aimait pas à donner des leçons, et on
ne lui connaît que deux élèves avoués par lui, l'archiduc Rodolphe, et Ferdinand Ries, qui a consacré
à sa mémoire une notice intéressante.

Malgré son état de gêne presque continuel, il
trouvait encore le moyen de soulager des infortunes plus grandes que la sienne. Il fit à la veuve de
son maître Herkel une petite pension, et éleva avec
toute la tendresse d'un père le fils d'un de ses frères. Cette espèce d'adoption fut une des sources de

---

(1) Dans les dernières années de sa vie, Beethoven était l'objet de la
respectueuse curiosité de tous les artistes qui passaient par Vienne. Les
intimes qui l'entouraient avaient soin de prévenir les rares visiteurs qu'il
consentait à recevoir de ne jamais lui parler de son fameux septuor (le
seul qu'il ait écrit), qu'il avait pris en aversion. Un Anglais, qui n'avait
pas bien compris les termes de la recommandation, lui ayant écrit sur ses
tablettes (car on ne pouvait causer avec lui qu'à l'aide d'un crayon) que
son septuor était sublime, Beethoven lui tourna le dos en s'écriant : « Ce
« septuor n'est pas de moi, il est de Mozart. »

tous les chagrins qui accablèrent ses dernières années. Quant à F. Ries, il eut pour lui une constante sollicitude, parce que cet artiste éminent était le fils d'un de ses anciens amis.

Beethoven ne se maria pas. Jamais on ne lui connut d'attachement; et pourtant sa belle âme, qui déborde en effluves passionnées dans toutes ses compositions, était faite pour éprouver et donner de l'amour. On croit que, comme le Dante, le Tasse et Michel-Ange, Beethoven, roi par le génie, éleva ses vœux vers un objet dont le rang fut un obstacle à leur réalisation.

Il composait en marchant. Tous les jours, quelque temps qu'il fît, il allait se promener dans les environs de Vienne. Un carnet était le dépositaire de ses inspirations fugitives, et, de retour chez lui, il mettait en ordre ses idées. Une de ses manies les plus coûteuses consistait dans les dépenses auxquelles l'entraînait son amour pour les déménagements. A peine était-il installé dans un logement qu'il en louait un autre, de sorte que très-souvent il se trouva avec deux ou trois loyers à payer à la fois.

Beethoven, malgré son beau génie, ne fut jamais l'objet des distinctions honorifiques accordées, trop souvent, par les grands de la terre, à des artistes dont tout le mérite réside dans un savoir-faire plus ou moins dissimulé. Il avait adressé au roi de France, Louis XVIII, la partition de sa belle messe en *ré* (n° 2); il en reçut une médaille d'or. On dit qu'à la même époque plusieurs vaudevillistes obtinrent la croix d'honneur.

L'amitié soutint Beethoven dans les moments les

plus critiques, mais presque constamment elle ne
put lui offrir que des paroles stériles. La lecture de
quelques lettres adressées par lui à son ami le docteur Wegeler et à F. Ries est navrante. Dans l'une
il dit, à propos d'une sonate qu'il charge son élève,
de vendre, « qu'il est dur de devoir écrire à son
« âge *pour avoir du pain* ». Dans une autre, écrite
le 7 octobre 1826 au docteur Wegeler, il venge la
mémoire de sa mère à propos d'un bruit menson-
ger qui tendait à le faire passer pour le fils naturel
du feu roi de Prusse.

Beethoven devait aller à Londres pour y écrire
une symphonie; des circonstances que l'on peut
attribuer à son état complet de surdité l'empêchè-
rent d'effectuer ce projet, qui eût apporté à ses derniers moments quelque adoucissement. — Ce fut
le 27 mars 1827 que ce grand homme mourut à
Vienne. Moins d'un an après sa mort, Habeneck
fondait à Paris la *Société des concerts*, sonore autel
où l'encens le plus sublime brûle depuis trente-
sept ans en l'honneur du plus grand génie symphonique qui ait étonné le monde.

Depuis 1845, grâce à l'initiative généreuse de
Frantz Liszt, Beethoven a une statue dans sa ville
natale. Les grands, qui l'avaient si peu enrichi de
son vivant, ont tenu à honneur d'assister à l'érec-
tion de son monument, et c'est avec une émotion
pleine d'orgueil que nous avons eu le bonheur d'ê-
tre un des témoins de cette tardive mais imposante
cérémonie, qui eut lieu à Bonn le 10 août 1845, en
présence de LL. MM. le roi de Prusse, la reine
d'Angleterre et le prince Albert, entourés de leur
suite brillante et d'une foule d'artistes accourus de

7

tous les pays pour saluer Beethoven sur le sol qui lui avait donné le jour (1).

Plusieurs biographies ont été publiées sur ce grand compositeur.

Voici, d'après M. de Lenz, l'auteur des *Trois Styles de Beethoven* (2), le catalogue sommaire de ses œuvres :

Messes, 2. — Op. 86 (en *ut*) ; op. 125 (en *ré*).

Oratorio, 1. — Op. 55. Le Christ au mont des Oliviers.

Opéra, 1. — Fidelio, en trois actes.

Mélodrames, 3. — Op. 84, Egmont ; op. 114, les Ruines d'Athènes ; op. 117, le Roi Etienne.

Ballet, 1. — *Gli Uomini di Prometeo.*

Cantates, 2. — Op. 112 ; l'Instant glorieux.

Symphonies, 9. — Op. 21 (en *ut*) ; op. 36 (en *ré*) ; op. 55, Héroïque (en *mi* bémol) ; op. 60 (en *si* bémol) ; op. 67 (en *ut* mineur) ; op. 68 ; op. 92 (en *la*) ; op. 93 (en *ut* majeur) ; op. 126 (en *ré* mineur), avec chœurs.

Ouvertures, 11. — Op. 43, Prométhée ; op. 62, Coriolan ; op. 86, Egmont ; op. 113, Ruines d'Athènes ; op. 115, en *ut* majeur ; op. 117, Roi Etienne ; op. 124, en *ut* mineur ; op. 138, première ouverture de Léonore ; plus trois autres pour Fidelio.

Pièces symphoniques de : Op. 71, la Victoire de Wellington à la bataille de Victoria.

Deux romances pour violon principal, avec accompagnement d'orchestre. — Op. 40 ; op. 50.

Concerto pour violon. — Op. 61 en *ré* majeur.

---

(1) Lire les lettres publiées par l'auteur sur les fêtes de Bonn, dans l'*Histoire de la Société des Concerts*, dont la seconde édition a paru récemment chez l'éditeur du présent ouvrage.

(2) 2 vol. in-18. Ouvrage qui offre beaucoup d'intérêt et dont le style est souvent d'une gaieté toute gauloise. — Paris, chez A. Lavinnée, éditeur de musique, rue des Saint-Pères, n° 11.

Concertos pour piano. — Op. 15, en *mi* majeur ; op. 19, en *si* bémol ; op. 37, en *ut* mineur ; op. 58, en *sol* majeur ; op. 73, en *mi* bémol.

Concerto pour violon, piano et violoncelle, avec accompagnement d'orchestre. — Op. 56.

Fantaisie pour piano, orchestre, chœurs. — Op. 80.

Rondeau pour piano, avec accompagnement d'orchestre, 1.

Rondeau pour instruments à vent.

Octuors, 2.

Trio pour hautbois et cor anglais.

Op. 87 (29). Duo pour clarinette et basson, lettre S.

Troisième sextuor, *equali*, pour quatre trombonnes, lettre H, 4ᵐᵉ section.

Septuor, 1. — Op. 20 (en *mi* bémol).

Sextuors, 2. — Op. 71 ; op. 81.

Quintuor pour piano et instruments à vent, 1. — Op. 16.

Quintuors pour instruments à cordes, 2, et une fugue pour deux violons, deux altos et un violoncelle. — Op. 4 ; op. 29. Fugue, op. 157. Comparez op. 104, arrangement de Beethoven, du trio op. 1.

N° 3. Un quintette : op. 20 ; arrangement par le même du septuor en quintette.

Quatuors, 16, et une fugue pour deux violons, alto et violoncelle. — Op. 16 (6 quatuors) ; op. 59 (3 quatuors) ; op. 74, 95, 127, 130, 131, 132, 133 (grande fugue), 135.

Trios, 4. — Op. 3 ; op. 9 (trois trios).

Trios de piano, 10, et 2 motifs variés pour violon et violoncelle, dont l'un original. — Op. 1 (trois trios); op. 11, piano, clarinette ou violon et violoncelle ; op. 10 (deux trios) ; op. 97 (deux trios) ; op. 24, motif original (pour violon et violoncelle) ; op. 121, adagio, variations et rondeau (pour violon et violoncelle).

Sonates pour piano et violon, 10. — Op. 12, 23, 24, 30 (trois sonates); op. 47 ; op. 96.

Sonates pour piano et violoncelle, 5. — Op. 5 (deux sonates) ; op. 66 (une sonate) ; op. 102 (deux sonates).

Sonate pour piano et cor, 1. — Op. 17.

Variations pour piano, violon et violoncelle, 4.

Variations pour piano et violon ou flûte, 16. — Op. 105, six pièces ; op. 107, dix pièces.

Arrangements de Beethoven pour piano et un ou plusieurs instruments. — Op. 36 (la deuxième symphonie en trio pour violon et violoncelle) ; op. 38, le septuor en trio pour piano, clarinette ou violon et violoncelle ; op. 41, la Sérénade ; op. 25, pour piano et flûte ou violon ; op. 42, la Sérénade ; op. 28, pour piano et alto ; op. 16, arrangement.

Quatuor pour deux violons, alto et violoncelle.

Arrangement du *quintette* pour piano et instruments à vent.

Sonates pour piano seul, 38. — Op. 2, 7, 10, 18, 14, 22, 26, 27, 28, 31, 49, 53, 54, 57, 78, 79, 81, 98, 101, 106, 108, 110, 111.

Fantaisie pour piano seul, 1. — Op. 77.

Variation pour piano seul, 21 motifs. — Op. 34, 76, 120. — Seconde section, de 1 à 13, 25, 26, 28, 36.

Compositions fugitives pour piano, telles que bagatelles, rondeaux, préludes, 16 pièces. — Op. 33, 39, 89.

Polonaise (dédiée à l'Impératrice Elisabeth). — Op. 112, 126, 129. Nᵒˢ 1, 2, 28, 29, 35 (*andante favori*).

Marche favorite de l'Empereur Alexandre de Russie.

Musique de danse (13 cahiers).

Musique de piano à quatre mains, 4 pièces. — Nᵒˢ 6, 15, 87.

Musique de chant avec accompagnement d'orchestre, 6 pièces. — Op. 68, 116, 118, 121, 122.

Musique de chambre avec accompagnement de piano, 109 pièces, en comptant les canons. — Op. 32, 46, 52, 75, 82, 83, 88, 94, 98, 100, 108, 113, 118, 121, 122, 128 ; deuxième section, nᵒˢ 21, 32, 38, etc.

§ 4.

WEBER.

Ce grand homme, qui avait en lui l'étoffe d'un philosophe, d'un poëte, d'un penseur et d'un compositeur, naquit à Eutin, le 18 décembre 1787, dans le duché de Holstein. Son père, qui était virtuose sur le violon, lui enseigna les premiers principes de l'art musical, mais par une espèce de système il l'isola, dès ses plus jeunes années, des enfants de son âge, ce qui eut sur le caractère de Weber une influence assez fâcheuse. Espèce d'académie d'Athènes, la maison du père de Carle-Marie baron de Weber (car il était baron) était le rendez-vous de tous les artistes les plus distingués; c'est ce qui explique pourquoi le futur auteur d'*Oberon* réunissait ensemble le talent d'un peintre, celui d'un pianiste et celui d'un compositeur.

Ainsi que Beethoven, le père de Weber aimait à changer de lieu; ces différentes migrations nuisirent beaucoup aux progrès de Carle-Marie. Grâce à la rencontre qu'il fit de Heuschel et de Hilburghausen, il travailla une année sans désemparer le piano, sur lequel il acquit une exécution très-brillante. Sa vocation musicale s'étant dessinée tout à fait, sa famille, qui avait quelque fortune, se dévoua entièrement à l'éclosion du plus grand des génies du siècle, et ils allèrent tous à Salzburg afin de lui faire travailler la composition avec Michel Haydn. Mais l'air sévère du vieux maître paralysa le jeune homme et il le quitta pour aller à Munich. Il reçut, dans cette cité des arts, des leçons de chant de Valesi et de Kalcher, organiste de la chapelle royale.

Weber se loua toute sa vie d'avoir appris de ce compositeur l'art d'écrire et de traiter un sujet à quatre parties avec autant de facilité que l'on écrit une lettre d'affaires. A cette époque, Weber écrivit son premier opéra allemand (*La Force de l'amour et du vin*), une messe solennelle (messe que l'Association des artistes musiciens de France à exécutée recemment le jour de Sainte-Cécile), des sonates et des variations pour piano et des chansons allemandes.

En 1799, Weber, ayant eu entre les mains les premiers essais de lithographie de Sennefelder, devint l'un des plus ardents propagateurs de cette sœur dégénérée de la gravure sur cuivre. Dans les mémoires qu'il a laissés sur sa vie, et que la piété de son fils a mis au jour récemment (1), Weber raconte comment il contribua à perfectionner les procédés de cette branche nouvelle de reproduction, et pourquoi son amour pour la composition l'a déterminé à cesser de s'en occuper.

En 1800, Weber fit représenter à Munich son opéra *La Fille des bois*. Il n'avait alors que quatorze ans.

En 1802, il alla à Leipzig, à Hambourg et dans le Holstein.

En 1803, Weber se rendit dans la capitale de

---

(1) Un jeune écrivain, qui porte un nom célèbre dans les fastes musicaux de l'Allemagne, s'occupe de la traduction de cet ouvrage intéressant.

l'Autriche, y fit la connaissance de l'abbé Wogler, le plus célèbre contrepointiste de son époque, et se livra avec ardeur à l'étude de la composition sous la direction de ce savant homme. A la même époque, M. G. Meyerbeer devient le condisciple et l'ami de Weber.

Chef d'orchestre du théâtre de Breslau, auteur de cantates, Weber ne se montra sous le vrai jour de son talent qu'à partir de l'année 1813. Grâce à l'amour de la patrie expirante, il trouva des accents dignes de ceux qui ont immortalisé Rouget de l'Isle, et l'Allemagne tout entière répéta à l'envi ses inspirations patriotiques et brûlantes. Enfin le jour où Carl-Marie de Weber va s'asseoir à côté des plus grands maîtres de l'art va bientôt luire. Le 18 juin 1821, il donne au théâtre de Kœnigstadt, à Berlin, l'immortel *Freyschütz*. Que pourrions-nous ajouter à ce titre fascinateur qui rappelle toute une révolution musicale dramatique? *Preciosa* suit bientôt le chef-d'œuvre; puis Vienne applaudit *Eurianthe* le 25 octobre 1823. L'ouverture et quelques morceaux furent seuls applaudis. Le livret était ennuyeux.

Fatigué des tracasseries théâtrales allemandes, Weber accepta d'écrire *Oberon* pour le théâtre de Covent-Garden, à Londres.

Il mit dix-huit mois à composer ce chef-d'œuvre. Établi depuis longtemps à Dresde, il quitta sa femme, ses enfants, qu'il adorait, et passa par Leipsick, Francfort et Paris. Dans cette dernière ville il fut accueilli par les sommités artistiques avec tout le respect que commandaient l'estime et l'admiration la plus sincère. Lesueur et Fétis, nos deux maîtres bien-aimés, le traitèrent en frère, et il leur dépeignit son amour pour l'art musical avec une naïveté de jeune homme qui toucha profondément ces deux artistes éminents. Il était parti de Dresde le 16 février 1826, il n'arriva à Londres que le 6 mars suivant. Son *Freyschütz*, qu'il y dirigea lui-même, fut l'occasion d'un triomphe si éclatant que son état constant de malaise physique en fut augmenté. L'*Oberon* avait été représenté à Covent-Garden le 12 avril 1826, et Weber, loin de tout ce qu'il aimait, expira à Londres le 6 juin suivant. Sa mort produisit une sensation bien douloureuse en Europe, et plusieurs écrits furent composés à sa mémoire, qui vivra tant que le sentiment du beau aura des partisans dans le monde des arts.

Voici le catalogue sommaire des œuvres de ce grand compositeur :

Opéras, 6 : — Freyschütz, Abou-Hassan, Eurianthe, Preciosa, Oberon, Jubel (ouverture), Le Roi des génies (ouverture) ; — Rubizahl (opéra non gravé, œuvre de la jeunesse de Weber).
Concert-Stuck, pour piano.
L'Invitation à la valse.
Solo de clarinette, idem de cor, tous les deux très-célèbres.
Une symphonie en sol.

Il publia chez André, à Offenbach, un grand nombre de scènes lyriques, et surtout le recueil de ses fameux *Chants* de guerre, cause première de sa popularité en Allemagne. C'est à Castilblaze que la France doit d'avoir connu Weber, et, malgré quelques mutilations reprochées au traducteur, la postérité lui tiendra compte d'avoir été pour nous l'initiateur du légendaire et chevaleresque Weber.

7.

§ 5.

FÉLIX MENDELSSOHN-BARTHOLDY.

Malgré les dispositions les plus brillantes, malgré les jouissances d'amour-propre que procurent les succès de salon à un riche amateur distingué, il lui faut, plus qu'à l'artiste né dans une condition médiocre de fortune, un grand courage, et surtout une grande force de volonté, pour se livrer corps et âme à l'étude approfondie d'un instrument quelconque, et à celle, non moins aride dans ses débuts, de la composition musicale.

L'homme éminent dont nous allons esquisser la vie eut ce courage et cette volonté.

Félix Mendelssohn-Bartholdy naquit à Berlin le 3 février 1809. Son père était le fils du célèbre Mosès Mendelssohn, l'un des plus savants hébraïsants du XVIIIᵉ siècle. La fortune, qui avait, par suite des travaux de ses parents, apporté dans leur famille une opulence bien méritée, entoura son enfance de toutes les jouissances les plus raffinées. Cette cause de l'engourdissement des plus nobles facultés chez la plupart des enfants riches n'eut aucune action sur le jeune Félix: né musicien, il mit les mains sur le clavier dès qu'il eut la force d'en faire mouvoir les touches. Berger fut son premier maître de piano, et Zelter, l'ami et le collaborateur de Gœthe, lui enseigna l'harmonie et le contre-point. A sept ans, Mendelssohn lisait à livre ouvert toute espèce de musique de piano, et était en état de réaliser une basse chiffrée. Zelter l'aimait comme un père, et, pressentant le grand avenir d'artiste qui lui était réservé, il le présenta à Gœthe (1). L'enfant avait alors treize ans; son jeu toucha profondément ce grand poëte. Sa mémoire musicale était prodigieuse : il savait par cœur les plus belles sonates d'Haydn et de Mozart, et pouvait accompagner sans la partition la plupart des opéras en vogue de son temps.

En 1824, il publia son premier quatuor pour instruments à cordes; il n'avait alors que quinze ans. Les idées n'en sont pas nouvelles (à cet âge on n'a que de la mémoire), mais on y remarque un plan suivi, et le sentiment du style propre à ce genre si difficile. Deux autres quatuors, beaucoup plus saillants sous le rapport de l'invention, des idées, parurent bientôt; ils ne tardèrent pas à être suivis d'une grande sonate pour le piano. L'élégance, qui

(1) Zelter, le fondateur de la première *Liedertafel* (société chorale), était un enfant du peuple. — Il avait d'abord exercé la profession de maître maçon. — Son père, qui possédait quelque fortune, lui fit donner une brillante éducation; de sorte que, ayant rencontré dans le monde Fach, le fondateur de l'Institut de chant de Berlin, son exemple l'enflamma, et il se livra à la composition vocale et devint le rival des Reichart et des Schultze. Ce ne fut qu'en 1799 que Gœthe se lia d'amitié avec Zelter. Le Wilhelm allemand entretint avec le grand poëte une correspondance qui a été publiée en 6 volumes in-8°. Ces précieux documents historiques attendent encore une traduction.

(Extrait du premier chapitre du livre partition : *Les Chants de la Vie*, cycle choral de Georges Kastner, de l'Institut. — Paris, chez Brandus, Dufour et Cᵉ, 1854. — Un volume in-folio de 110 pages de texte et de 112 planches de chœurs à voix d'homme, depuis quatre jusqu'à huit parties, avec accompagnement de piano *ad libitum*.)

est une des faces de son talent, distingue cette production.

En 1829, il fit représenter à Berlin un opéra, les *Noces de Gamache;* il le retira du théâtre. En 1830, il quitta sa patrie pour voyager en France, en Angleterre et en Italie. Il alla d'abord à Londres, où il fit entendre une symphonie. Plus tard, il vint à Paris, et il joua, au quatrième concert de la célèbre *Société des Concerts* (1), fondée et dirigée par Habeneck, le concerto en *sol* de Beethoven; il fut très-applaudi. Il fit également entendre au Conservatoire son ouverture si colorée du *Songe d'une nuit d'été* de Shakespeare, et comme compositeur il obtint un grand succès. — Il retourna ensuite à Londres, où il écrivit un opéra anglais. Comme tous les hommes du Nord, Mendelssohn parlait et écrivait plusieurs langues vivantes. — Il partit enfin pour l'Italie, où il resta quatre ans, et y fit la la connaissance d'Hector Berlioz, alors pensionnaire de l'Académie de France à Rome.

On publie depuis quelque temps les lettres qu'il adressait à sa famille de tous les pays qu'il visitait. Ces lettres, écrites sans prétention, ont un intérêt historique immense. La *Gazette musicale* a commencé la publication d'une traduction française qui obtient un succès mérité.

De retour à Berlin, il mit en ordre une masse de compositions écrites par lui pendant sa longue absence. Quelque temps après, il fut appelé, conjointement avec Ferdinand Ries, l'élève de Beethoven, à diriger les fêtes musicales du Rhin, qui

(1) Le 18 mars 1832.

avaient lieu à Aix-la-Chapelle et à Dusseldorf. L'accord le plus parfait ne régna pas entre les deux chefs d'orchestre. Sous ce dernier rapport, Mendelssohn révéla un talent de premier ordre. Ayant rompu son engagement avec les organisateurs des fêtes allemandes, en 1836, il se retira à Francfort, et l'année suivante il s'y maria. De cette ville il se rendit à Leipsick, où il accepta les fonctions de directeur de la fameuse société musicale le *Gewandhaus*. — M. Théodore Gouvy, compositeur français d'un beau talent, fut accueilli par Mendelssohn avec une grande distinction, et, une symphonie du jeune maître ayant été admise à l'un de ces concerts si renommés, Mendelssohn le força obligeamment à diriger lui-même son œuvre, qui obtint un succès très-légitime.

Mendelssohn avait une physionomie charmante, c'était un cavalier accompli; comme pianiste, il était de première force, et, comme compositeur, il ne lui a manqué que le temps pour s'essayer sur un sujet dramatique. Un peu avant sa mort, il entra en pourparler avec Eugène Scribe pour écrire un grand opéra destiné à l'Académie royale de musique. Par ses oratorios de *Paulus* et d'*Elie*, dont il a écrit les poëmes, il s'est placé à une grande hauteur (1). D'un tempérament mélancolique, Mendelssohn était enclin à une tristesse qui n'avait pas d'objet, mais dont tous ses ouvrages portent l'empreinte ineffaçable. Il affectionnait le mode mineur avec une prédilec-

(1) C'est à Londres que ces deux beaux ouvrages ont été exécutés pour la première fois, sous la direction de l'auteur.

tion toute particulière ; et la douceur de ses mœurs, son aménité, sa sympathie pour les jeunes talents, honorent autant sa mémoire que ses plus belles œuvres, qui ont déjà placé son nom à côté des plus grands symphonistes de l'Allemagne.

Mendelssohn, très-affecté de la mort subite d'une sœur chérie, succomba comme elle, et mourut plein de gloire et dans la force de l'âge. Ce fut le 4 novembre 1847 que ce grand artiste expira subitement au milieu de sa famille, qu'un coup aussi imprévu plongea dans un deuil profond (1).

CATALOGUE DES ŒUVRES DE MENDELSSOHN.

Ouverture et morceaux du Songe d'une Nuit d'été.
Symphonie en *ut* mineur.
La Grotte de Fingal, ouverture.
Le Calme de la mer et l'Heureux Voyage.
La Belle Mélusine, ouverture.
Quatuor en *la* pour deux violons altos et basse.

(2) A la nouvelle de cet événement, l'auteur de ce livre mit en musique une *Elégie* dédiée à la mémoire de Mendelssohn. Nous pensons être agréable à nos lecteurs en leur donnant le texte de cette composition, que des circonstances indépendantes de notre volonté ne nous permirent pas de faire entendre à la Société de Leipzick, pour laquelle nous l'avions écrite.

Elégie à la mémoire de Félix Mendelssohn-Bartholdy.

Le chantre de *Paulus* s'est couché dans la tombe ;
Auprès de Beethoven , il habite les cieux ,
Et Mozart, en pleurant, à cette fleur qui tombe
    Vient d'ouvrir ses bras glorieux.

Mendelssohn, tu vivras, et, comme un autre *Elie*,
Tu montes vers le ciel en jetant ton manteau,
Heureux l'artiste, au cœur plein de mélancolie,
    Qui recevra ce don si beau.

Trois grands quatuors concertants pour instruments à cordes.

Concerto pour piano et orchestre.

    Idem.   en *si* mineur.

    Idem.   en *sol* mineur.

Deux caprices brillants pour piano.

Quintette pour deux violons, deux altos et violoncelle.

Premier quatuor pour piano, violon, alto et violoncelle.

    Idem, en *fa* mineur.

    Idem, en *si* mineur.

Grande sonate pour piano et violon.

    Idem.   pour piano et violoncelle.

Sept pièces de caractère pour piano seul.

Rondo capricioso.

Sonate.

Fantaisie sur une chanson irlandaise.

Trois fantaisies ou caprices pour piano seul.

Six chants ou romances sans paroles, pour piano seul.

Chœur religieux à quatre voix.

Riche de grands travaux, mais indigent d'années,
Tu quittes triomphant ce séjour de douleur:
Dans les gerbes d'août, souvent des fleurs fanées
    Attristent l'œil du moissonneur.

Mais la postérité, toujours jeune et brillante,
Donne un bien plus haut prix aux talents moissonnés
Dans l'âge où le génie ouvre un aile puissante:
    La mort aime les nouveau-nés.

Toi dont la harpe d'or exaltait, noble et sainte,
Les grandeurs de celui qui tient tout en sa main,
Au milieu des élus, dans la céleste enceinte,
    Tes chants n'auront plus rien d'humain.

Astres mélodieux, pères de l'harmonie,
Haydn, Beethoven, Weber, et toi, Mozart !
Recevez Mendelssohn, fils de votre génie,
    Et comme vous l'orgueil de l'art.

                      A. E.

Trois motets, texte latin et allemand, avec orgue.

Ave Maria à huit voix, chœur et orgue.

Psaume 42, à huit voix et orchestre.

Symphonie-cantate-prière, partie pour orchestre seul, partie pour orchestre et chœur.

Les Noces de Gamache, partition pour piano (de la jeunesse de l'auteur).

Vingt-quatre chœurs avec voix seules pour accompagnement.

Paulus, Elie, oratorios (les deux chefs-d'œuvres de ce maître).

Trio pour piano, violon et violoncelle.

Lorely, œuvre inédite, espèce d'opéra incomplet.

Cantate pour la fête anniversaire d'Albert Durer, le grand peintre allemand, qui fut l'ami par correspondance du divin Raphael, qui professait pour son génie une grande admiration.

Cantate pour la fête d'Alexandre de Humbold, le célèbre cosmographe allemand.

Symphonies, en *la* mineur et en *la* majeur.

Un grand nombre de *Lieder*, qui, traduits en français, en anglais et en espagnol, sont journellement chantés par les sociétés chorales de ces différents pays.

Quatuors pour instruments à cordes formant, la plupart, le fond du répertoire des sociétés de musique de chambre qui depuis quelques années se sont fondées en France, et à Paris particulièrement.

NOTA. — Nous n'avons pas eu la prétention de donner à nos lecteurs le catalogue, par dates des productions, des œuvres si nombreuses de Mendelssohn, mais seulement de réunir comme en un faisceau les œuvres de ce grand compositeur, la gloire de l'Allemagne contemporaine.

§ 6.

ROBERT SCHUMANN.

L'artiste dont nous allons esquisser la biographie fut tout à la fois un compositeur distingué et un critique sérieux, quoique très-passionné (1).

Robert Schumann naquit le 8 juin 1810 à Zwickau, en Saxe. Il fit d'excellentes études littéraires et musicales; à douze ans, il mit en musique 150 psaumes avec accompagnement d'orchestre. Le piano était son instrument favori, et dans ses premières compositions il imita le style de Ferdinand Ries et de Moschelès. Son père espérait lui faire travailler la composition avec C.-M. de Weber, mais les voyages de l'auteur d'*Oberon* le privèrent de cet immense avantage.

Il avait terminé toutes ses études à l'âge de dix-huit ans, et sa famille l'envoya à l'université de Leipzick pour y faire son droit. Son père, qui voulait en faire un jurisconsulte, ne le vit pas sans déplaisir suivre les concerts de la célèbre société de cette ville. L'audition des symphonies de Beethoven lui causa une impression si grande, qu'il mit de côté tous ses livres de droit, et de par une

---

(1) Avant l'ouverture des Concerts de musique populaire, Schumann n'était connu que d'un petit nombre d'artistes et d'amateurs distingués. Grâce à l'initiative de leur fondateur, quelques œuvres importantes de ce maître sont assez souvent exécutées au Cirque Napoléon.

vocation irrésistible se fit compositeur. Il imita le
style du grand maître : un quatuor pour instruments à cordes, huit polonaises à quatre mains
pour le piano, et la musique de plusieurs poésies de
lord Byron, furent le fruit de ce changement de direction dans ses études.

En 1829, à Heidelberg, il travailla avec passion le
piano et la composition. Il partit pour l'Italie, où il
entendit Paganini, et ce virtuose étonnant le fas-
cina tellement qu'il conçut le projet de devenir le
Paganini du piano. Pour parvenir à l'exécuter, il
revint à Leipzick, où pendant une année il se mit à
travailler son instrument favori plus de sept heures par jour. Cet excès de travail fatigua tellement
sa main droite, qu'il fut obligé de renoncer à
devenir un virtuose. Il se remit donc au contre-
point et à la composition avec l'ardeur qu'il appor-
tait à tout ce qu'il entreprenait. Ce fut en 1831
qu'il prit pour maître le savant professeur M. Dorn.
Cette même année, il publia les *Intermezzi* (op. 4),
les *Impromptus* (op. 5) et la *Toccata* (op. 7). La sonate
en *fa dièze mineur* est une de ses plus belles composition pour le piano. L'amour sans doute a dirigé
sa plume, puisque, après avoir dédié cette sonate
à Mlle Clara Wieck, il en fit plus tard sa femme.

Knorr et Wieck, son futur beau-père, s'associè-
rent à lui pour publier une *Nouvelle Gazette musicale*,
qui parut en 1834. Schumann, qui signa des articles de critique sous différents pseudonymes, fit
preuve d'un grand talent d'écrivain et de penseur.
Mais son caractère violent et absolu lui fit souvent
dépasser le but que doit se proposer tout critique
qui veut éclairer ses contradicteurs, et de regretta-

bles personnalités attristèrent souvent ses amis les plus déclarés.

Schumann, que le génie de Beethoven avait profondément touché, essaya d'écrire des symphonies. La première (œuvre 35) est remarquable, dit M. Fétis, sous le rapport de la conduite, et contient des effets pleins de nouveauté sous le rapport de l'instrumentation. Il a composé un concerto pour piano seul sur lequel F. Liszt a écrit un article remarquable dans la *Revue et gazette musicale* de Paris.

Le *Carnaval*, composition écrite sur quatre notes pour piano, commence la série de différentes compositions remplies d'originalité et d'humour. Citons aussi ses douze études symphoniques (op. 13), ses fantaisies (op. 16), Kinderscenen (*scènes pour les enfants*); six caprices caractéristiques; quatre petites nouvelles (Novelletten).

Son grand quintette pour piano et instruments à cordes, en *mi*, et ses symphonies à grand orchestre, placent R. Schumann parmi les compositeurs de la jeune école allemande qui honorent le plus l'art contemporain.

Ayant formé le projet de composer un opéra, il se rendit à Dresde, où il écrivit celui de *Geneviève de Brabant*. Cependant cet ouvrage ne fut représenté qu'en 1847 à Leipzick. Quatre ans auparavant, il avait fait exécuter l'oratorio du *Paradis* et de *La Péri*, l'un de ses chefs-d'œuvre.

En 1850, il accepta les fonctions de maître de chapelle à Dusseldorf, mais il n'y resta qu'une année. Depuis quelque temps, son caractère avait pris une teinte mélancolique dont sa femme et ses amis intimes s'effrayèrent avec raison. Un jour, le 27 février 1854, il échappa à la surveillance dont il était l'objet et se précipita dans le Rhin; il fut heureusement sauvé d'une mort imminente. Mais, depuis cette époque, il ne fit plus que languir, et il mourut le 29 juillet 1856 dans une maison de santé, près de Bonn, où sa famille avait été obligée de le faire admettre.

Robert Schumann, si le temps ne lui avait pas manqué, aurait sans aucun doute trouvé la voie qu'il cherchait avec tant de courage, et ses œuvres, les dernières surtout, dans lesquelles on croit reconnaître les atteintes de la maladie cérébrale à laquelle il a succombé, eussent été purifiées, par la réflexion, de toutes les petites défaillances qui les déparent, sans pourtant leur ôter ce qu'elles contiennent d'original, d'osé et même d'extraordinaire.

Sa femme, Mme Clara Schumann, s'est consacrée à l'interprétation des œuvres de piano de Beethoven. C'est elle qui, la première, a popularisé en Allemagne la musique de Chopin, qui n'eut de polonais que la naissance : sa famille était d'origine française. Nouvelle Artémise de l'art, Mme Schumann s'est dévouée également à l'exécution des plus belles œuvres de son époux. Elle a parcouru successivement l'Allemagne, la Russie, l'Angleterre et la France, où en 1862, elle s'est fait applaudir à l'un des concerts du Conservatoire et dans des soirées données par elle dans les salons d'Érard, dans ces salons qui sont ouverts avec une générosité toute princière aux artistes *distingués*, sans *distinction* d'origine ou de nationalité.

CATALOGUE DES OEUVRES DE ROBERT SCHUMANN (1).

MUSIQUE D'ORCHESTRE.

Symphonies, 4. — 1° En *si* bémol, op. 38 ; 2° en *ut* mineur, op. 61 ; 3° en *mi* mineur, op. 97 ; 4° en *ré* mineur, op. 120.

Ouvertures, 6.—1° Scherzo et finale en *mi* mineur, op. 52 ; 2° de Geneviève de Brabant, op. 81 ; 3° ouverture en *ut* mineur de la Fiancée de Messine, de Schiller, op. 100 ; 4° ouverture des Fêtes du Rhin, avec chœur, op. 123 ; 5° ouverture en *fa* mineur de Jules César, de Shakespeare, op. 128 ; 6° ouverture en *ut* mineur d'Hermann et Dorothée, de Gœthe.

MUSIQUE DE CHAMBRE.

Pour violon.

Fantaisie en *ut* mineur avec orchestre, op. 131.

Trois quatuors pour deux violons, alto et violoncelle, op. 41.

Pour violoncelle.

Concerto en *la* mineur pour orchestre, op. 129.

Cinq morceaux pour violoncelle ou violon et piano-forte, op. 102.

---

(1) Nous devons la communication de ce document à M. Flaxland, l'un des éditeurs les plus artistes et les plus intelligents de la capitale. C'est lui qui a eu l'heureuse idée de publier les *Echos d'Italie et d'Allemagne*, devenus si populaires, et, dans ces derniers temps, il s'est rendu acquéreur, pour la France, des œuvres de Richard Wagner et de Robert Schumann.

Pour instruments à vent.

Mélanges. — 4 morceaux pour clarinette ou violon, alto et piano-forte, op. 132.

Trois romances pour hautbois (ou violon, ou clarinette) et piano-forte, op. 94.

Morceau de concert en *fa* mineur pour quatre cors et orchestre, op. 86.

Pour piano avec accompagnement d'orchestre.

Concerto en *la* mineur, op. 54.

Introduction et allegro appassionato en *sol* mineur, morceau de concert, op. 92.

Concerto-allegro, avec introduction en *ut* mineur, op. 134.

Quintettes, quatuors et trios.

Quintette en *mi* bémol, piano, deux violons, alto et violoncelle, op. 44.

Quatuor en *mi* bémol, piano, violon, alto et violoncelle.

Trois trios (op. 63, 80, 110) pour piano, violon, violoncelle.

Fantisie pour piano, violon et violoncelle.

Robert Schumann a écrit un grand nombre de duos pour piano seul, et pour piano et différents instruments à cordes et à vent; ainsi que plusieurs sonates, parmi lesquelles celle en *fa* mineur est très-célèbre.

Il a publié, dans le style de Bach, six fugues remarquables.

Parmi ses productions vocales, *Le Paradis* et *la Péri*, ainsi que *Manfred*, occupent le premier rang.

Ses *lieder* sont considérables, et l'éditeur Flaxland a réuni dans un recueil, très-poétiquement traduites en français, une cinquantaine de mélodies d'un caractère varié, et généralement d'un style qui rappelle celui de Schubert, sans imitation servile.

Comme critique, Schumann a écrit d'excellents articles qui ont été publiés en volumes après sa mort regrettable. Cinq écrivains distingués de l'Allemagne ont consacré à sa biographie et à l'analyse de ses principales œuvres des pages dont nous regrettons de ne pouvoir donner ici un résumé, même abrégé, à cause du cadre de cet ouvrage.

Mais, en terminant, nous tenons à dire encore une dernière fois que c'est à l'initiative de la *Société des jeunes artistes et des concerts populaires* que le public dilettante est redevable d'avoir eu les occasions, encore bien rares, d'entendre une minime partie des œuvres de ce maître.

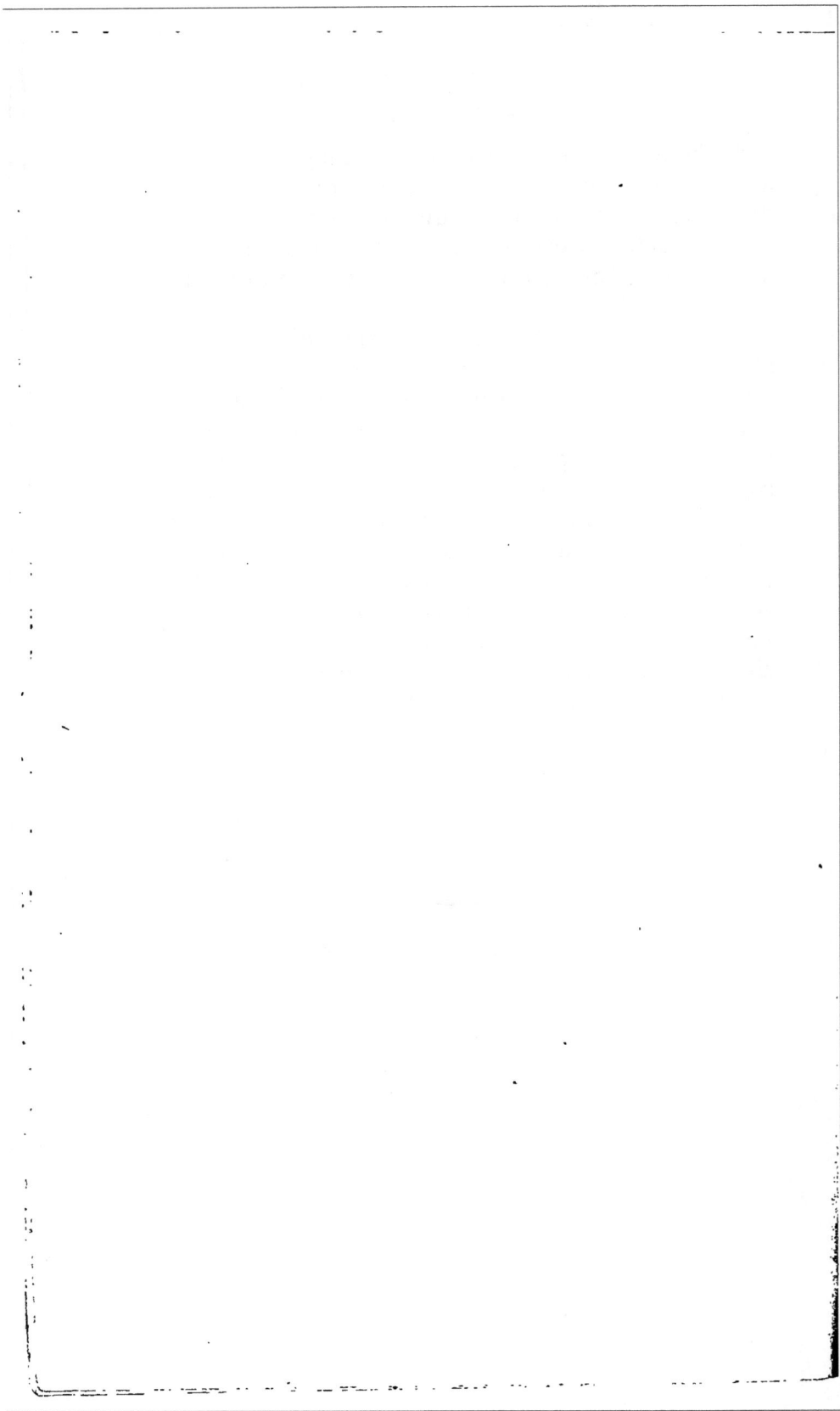

POST-FACE.

De tous les maîtres dont nous venons d'es
quisser la vie et les œuvres, Haydn et Mozart
sont les seuls qui aient eu une action directe
sur les progrès de l'art en général, et sur ses
transformations successives. Haydn a non-
seulement donné au quatuor et à la symphonie
leur forme immuable quant au style qui leur
est particulier, mais encore, dans l'instrumentation, il a inventé une foule de choses tombées
en quelque sorte dans le domaine public depuis
lui. C'est Haydn qui le premier a eu l'heureuse
idée de faire battre les temps multiples de la
mesure par les instruments à vent ; c'est lui qui
a assigné au violoncelle le rôle si poétique qu'il

8

remplit dans nos orchestres ; c'est encore à lui que l'on est redevable de ces dialogues si intéressants établis entre les instruments à vent et à archet.

Mozart, qui savait s'assimiler tout ce qui était nouveau, sans pourtant cesser d'être original, a mis peut-être plus de sentiment humain, plus de passion, dans ses productions. Aussi savant qu'Haydn, il a créé une foule d'agrégations et de successions d'accords dont les résolutions, inconnues jusqu'à lui, causent à l'âme de délicieuses surprises ; et cette science si nouvelle, si profonde, il la cachait sous les fleurs de la mélodie la plus expressive et la plus séduisante. Se jouant avec les formes scientifiques les plus sévères, il a, le premier, osé faire entendre au théâtre une fugue dans son ouverture de la *Flûte enchantée* ; mais cette expression, la plus complète de la composition scolastique, a été idéalisée par sa plume colorée avec un charme inouï. — Parmi les compositeurs modernes, Ferdinand Paer et Hérold, dans les ouvertures du *Maître de Chapelle* et du *Pré aux Clercs*, l'ont suivi, quoique de loin, dans cette voie périlleuse. — Doué d'une plus grande sensibilité qu'Haydn, Mozart a accompli au théâtre une révolution radicale. C'est lui qui, le premier, a donné aux finales des opéras une ampleur et des proportions dont on n'avait aucune idée avant les *Noces de Figaro* et l'immortel *Don Juan*. — Parmi ses productions de musique sacrée, l'*Ave Verum* est une inspiration qui vivra aussi longtemps que le sentiment religieux, dont elle est l'expression la plus élevée.

Beethoven a transformé la symphonie ; il lui a donné une allure plus dramatique et plus de grandeur ; il en a amplifié presque toutes les parties. Sous sa plume de feu, le *minuetto* gracieux d'Haydn, passionné de Mozart, est devenu le *scherzo*, dont les proportions gigantesques et le style brillant et chaleureux étonnent et ravissent tout à la fois.

Weber, le plus grand coloriste des compositeurs modernes, le musicien *légendaire et chevaleresque*, ainsi que l'a si justement dénommé devant nous un éminent critique (1) ;

(1) 1er concert de la Société du Conservatoire, 10 janvier 1864.

Weber, dont l'organisation était essentiellement dramatique, a vainement tenté d'écrire
des symphonies. Mais par ses belles ouvertures, si grandes, si nouvelles comme plan, si
originales sous le rapport des idées, si brillantes par la splendeur de leur instrumentation, Weber est sans rival. Son opéra du *Freyschütz* a créé un genre nouveau au théâtre, le
fantastique uni à la passion. Dans cette voie
qu'il a ouverte, un grand compositeur, son
condisciple et notre contemporain, a marché
avec toute l'assurance que donne le génie :
Robert le Diable, Les Huguenots et *Le Prophète* forment une admirable trilogie de chefs-
d'œuvre sur lesquels le souffle de Weber a
passé, comme celui de Michel-Ange passa sur
les toiles immortelles de Raphael, après sa
visite furtive à la chapelle Sixtine.

Quant à Mendelssohn, quoiqu'il ait traité
tous les genres, le dramatique excepté, il n'est
vraiment original que par le style et les formes
nouvelles qu'il a données aux délicieux *scherzos*
de ses symphonies. Ses oratorios renferment
des beautés de premier ordre. Ses quatuors, sa

musique de piano, ses *lieder*, dont un grand nombre sont populaires en Allemagne, en Belgique et même en France, ont généralement un style qui a beaucoup d'affinité avec celui de l'auteur des *Harmonies poétiques*, de Lamartine. Un vague délicieux règne dans ses élégantes compositions ; mais qu'il est loin d'avoir la netteté d'Haydn, la passion de Mozart, et la poésie toute virile de Beethoven !

Si nous avons placé Robert Schumann à la suite de ces grands maîtres, ce n'est pas que, pour blesser une foule de compositeurs nos contemporains, nous ayons eu la mauvaise pensée de vouloir l'élever au-dessus d'aucun d'eux ; mais la mort, cette avant-courière de la postérité, l'a touché de son aile ; et, quelle que soit l'opinion plus ou moins systématique qu'on se soit formée de sa valeur musicale, Robert Schumann appartient à l'histoire de l'art contemporain : à ce titre, il a mérité au moins l'honneur de la discussion. N'eût-il écrit que son grand quintette en *mi bémol*, cette belle composition lui assignerait une place

8.

éminente dans le cénacle des compositeurs d'outre-Rhin.

Des critiques à vues étroites, des amateurs qui ne peuvent admirer les grands compositeurs qu'en cherchant leurs équivalents dans le ciel constellé des grands poëtes, ont comparé à tort Haydn à Boileau, Mozart à Racine, Beethoven à Corneille, Weber à Crébillon, Mendelssohn à Lord Byron et Schumann à Victor Hugo. Nous n'approuvons pas ces rapprochements : Haydn n'a jamais abrité son nom sous celui de quelque Horace musical antérieur à lui ; Mozart n'a jamais fait de concessions, dans ses œuvres, aux goûts plus gourmés que naturels d'une cour quelconque ; Beethoven était trop peu dramatique, dans l'acception rigide du mot, pour s'astreindre à demander des inspirations à une civilisation éteinte, et c'était dans la nature grandiose, tourmentée par l'orage ou illuminée par un soleil brûlant, qu'il trouvait le modèle moral des tableaux si variés qu'il sut peindre avec des sons. Weber n'a rien de commun dans ses œuvres avec l'auteur de *Rhada-*

miste : la légende et la chevalerie, voilà ses modèles ; Mendelssohn avait l'âme plus sensible que le poëte de *Don Juan*, et R. Schumann n'a pas eu le temps d'écrire, avec sa plume de critique et de chercheur, l'équivalent de *La Fiancée du Timbalier* ou de *La Captive* rêvant au bord de la mer à la patrie absente, à l'amour, à la liberté.

TABLE DES MATIÈRES.

Chapitre V.

Six esquisses sur la vie et les œuvres des compositeurs célèbres dont les productions forment le répertoire des Concerts populaires de musique classique

FIN.

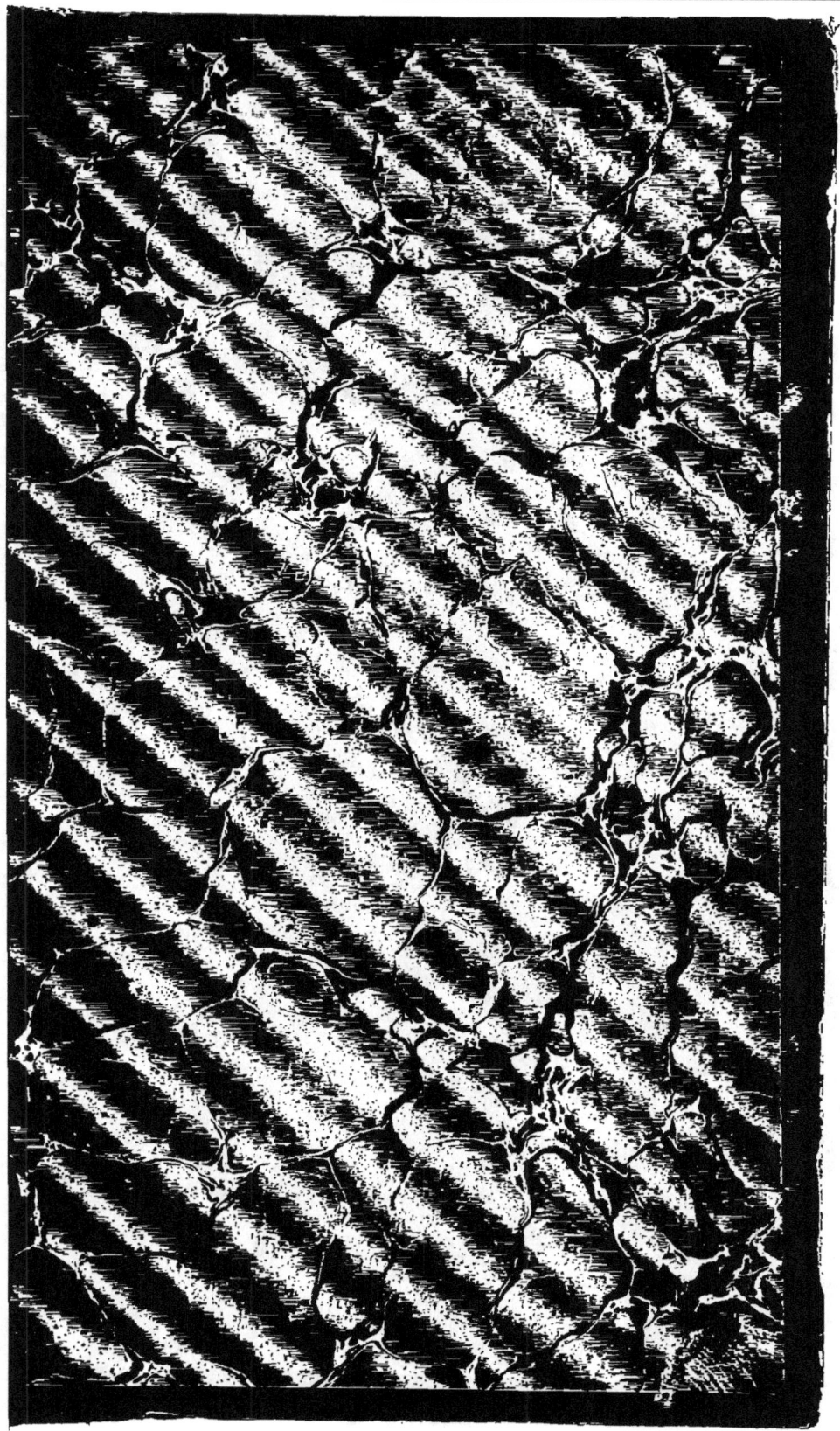